Créditos

Maestros Esotéricos I

Ecovisiones

Maestros Esotéricos I / Ecovisiones

© 2024 Maestros Esotéricos I–Ecovisiones

1ª edición–Santiago, Chile, 2024

www.ecovisiones.cl /tradiciones/esoterismo/Maestros-esotericos.htm

Este libro forma parte de una serie integrada por:
Maestros Esotéricos I
Maestros Esotéricos II
Maestros Esotéricos III

Ecovisiones

Maestros Esotéricos I

Índice

Introducción

En el vasto paisaje del pensamiento esotérico, una multitud de figuras ha dejado una marca indeleble a lo largo de los siglos, trazando senderos de misterio y revelación para aquellos que buscan comprender los secretos ocultos del universo y de la mente humana. Desde los místicos visionarios hasta los eruditos académicos, cada uno de estos autores ha aportado una perspectiva única y valiosa al rico tapiz del conocimiento esotérico.

Entre las figuras destacadas que han iluminado el camino hacia la comprensión espiritual y metafísica se encuentran Eliphas Lévi, Jidu Krishnamurti y Georges Ivanovich Gurdjieff. Eliphas Lévi, con su profundo conocimiento de la magia ceremonial y la alquimia, ha desentrañado los secretos de los símbolos y las correspondencias cósmicas, revelando las conexiones entre el mundo material y el mundo espiritual. Por otro lado, Georges Ivanovich Gurdjieff, con su enfoque práctico y revolucionario del desarrollo espiritual, ha enseñado a los buscadores cómo despertar a una mayor conciencia y autoconciencia a través de la disciplina y el trabajo interior. En el caso de Krishnamurti, destaca su profunda reflexión y el desarrollo personal como un camino hacia lalibertad.

Sin embargo, la obra de estos dos autores es solo una pequeña parte de un vasto panorama de sabiduría esotérica que abarca desde la antigüedad hasta la era moderna. Desde los misteriosos textos de la alquimia medieval hasta las profundas enseñanzas de la psicología junguiana, cada autor y pensador esotérico ha contribuido de manera única a nuestra comprensión del universo y de nosotros mismos.

Las enseñanzas de los maestros esotéricos pueden tener un impacto profundo y significativo en el desarrollo personal, interior y espiritual de los individuos, así como en la evolución de la sociedad en su conjunto. Cada uno de los maestros mencionados en la lista aporta una perspectiva única y valiosa que puede influir en diferentes aspectos del crecimiento humano y en la transformación social.

Entre los aspectos claves en que las enseñanzas de estos maestros pueden impactar tanto a nivel individual como colectivo, se pueden mencionar:

Despertar de la conciencia: Muchos de estos maestros, como Rudolf Steiner, Georges Ivanovich Gurdjieff y Carl Gustav Jung, han enfatizado la importancia del autoconocimiento y el despertar espiritual. Sus enseñanzas pueden ayudar a las personas a reconocer y comprender aspectos profundos de sí mismos, lo que les permite crecer y evolucionar en un nivel personal.

Transformación interior: Eliphas Lévi, Claude de Saint-Martin y Helena Petrovna Blavatsky, entre otros, han explorado los caminos de la transformación interior a través de la alquimia espiritual, el hermetismo y la teosofía. Sus enseñanzas pueden inspirar a las personas a trabajar en su desarrollo espiritual y a alcanzar un mayor grado de realización personal.

Búsqueda de significado y propósito: Autores como William Blake, Max Heindel y Antoine Fabre d'Olivet han abordado cuestiones fundamentales sobre el significado de la vida y el propósito humano. Sus enseñanzas pueden ayudar a las personas a encontrar un sentido más profundo en sus experiencias y a vivir de acuerdo con sus valores y aspiraciones más elevadas.

Conexión con lo divino: Emmanuel Swedenborg, Alan Kardec y Nichiren Daishonin han explorado la naturaleza de lo divino y la relación entre el hombre y lo trascendente. Sus enseñanzas pueden ayudar a las personas a establecer una conexión más profunda con lo sagrado y a experimentar una mayor sensación de plenitud y trascendencia en sus vidas.

Cabe destacar los aportes de Jiddu Krishnamurti, quien desafió las convenciones establecidas y ofreció una perspectiva única sobre la espiritualidad y el desarrollo personal. Krishnamurti, a través de sus enseñanzas, enfatizó la importancia de la libertad interior, la autoindagación y la observación sin juicio como medios para comprender la naturaleza de la mente y liberarse del sufrimiento psicológico.

Su enfoque radical en la autoconciencia y la transformación interior resonó profundamente en una sociedad occidental cada vez más preocupada por el bienestar emocional y la búsqueda de significado. Krishnamurti desafió las estructuras tradicionales de autoridad religiosa y ofreció una visión no dogmática de la espiritualidad, alentando a las personas a cuestionar sus propias creencias y descubrir la verdad por sí mismas.

Además, su énfasis en la importancia de la atención plena y la percepción directa puede ser especialmente relevante en un mundo saturado de distracciones y ruido mental. Krishnamurti invitó a las personas a estar plenamente presentes en el momento presente y a cultivar una relación directa con la realidad, liberándolas de las limitaciones de la mente condicionada y las expectativas sociales.

Los aportes de Jiddu Krishnamurti ofrecen una perspectiva única y transformadora sobre la espiritualidad y el desarrollo personal, que puede ser especialmente relevante en el mundo occidental contemporáneo, donde la búsqueda de la verdad y la autenticidad personal son cada vez más valoradas.

Hay un aspecto que muchas veces se deja de lado en el desarrollo espiritual, el cual es, la contribución a la sociedad: Algunos maestros, como Annie Besant y Rudolf Steiner, han dedicado su vida a la transformación social y al servicio de la humanidad. Sus enseñanzas pueden inspirar a las personas a trabajar por el bienestar colectivo y a contribuir a la creación de un mundo más justo, equitativo y armonioso.

Un individuo que se esfuerza por su propio desarrollo personal y espiritual puede sentar las bases para sociedades más armónicas y equitativas. Esta idea se deriva del concepto de que el cambio personal puede conducir al cambio social, y que la transformación interior de los individuos puede tener un impacto significativo en la sociedad en su conjunto. Algunos de los aspectos que se pueden citar, en los que el crecimiento personal puede tener un impacto positivo en fortalecer el bienestar de la sociedad son:

Conciencia social: Cuando las personas se comprometen con su propio crecimiento personal y espiritual, a menudo se vuelven más conscientes de las necesidades y desafíos de los demás en la sociedad. Esto puede llevar a una mayor empatía, compasión y solidaridad con quienes están menos privilegiados, lo que a su vez puede inspirar acciones para abordar la injusticia y la desigualdad.

Liderazgo transformador: Los individuos que han cultivado cualidades como la integridad, la autenticidad y el altruismo pueden convertirse en líderes transformadores en sus comunidades. Estos líderes pueden trabajar para promover el bienestar común, defender los derechos humanos y abogar por políticas y prácticas que fomenten la equidad y la justicia para todos.

Modelado de comportamiento: El ejemplo personal es una poderosa forma de influir en los demás. Cuando las personas viven de acuerdo con valores como la bondad, la generosidad y la cooperación, inspiran a quienes las rodean a hacer lo mismo. Este efecto multiplicador puede extenderse a través de redes sociales y comunitarias, creando un entorno en el que la armonía y la equidad sean valores fundamentales.

Creación de redes y comunidades: Los individuos que comparten un compromiso con el crecimiento personal y espiritual a menudo se unen en comunidades y redes de apoyo mutuo. Estos espacios pueden servir como incubadoras para ideas y prácticas que promuevan la justicia social y el cambio sistémico. Al unirse en solidaridad, las personas pueden trabajar juntas para abordar los problemas sociales y construir un mundo más equitativo y humano.

En el contexto de la preocupación por lo externo en el siglo XXI, las ideas de los maestros espirituales pueden tener un impacto significativo al ofrecer un contrapeso a la superficialidad y la desconexión que a menudo caracterizan a la sociedad contemporánea.

Profundización del significado: En un mundo donde prevalece la superficialidad y la búsqueda constante de gratificación instantánea, las enseñanzas de maestros como Rudolf Steiner, Emmanuel Swedenborg y Eliphas Lévi pueden ofrecer una invitación a explorar la profundidad del ser humano y el significado de la vida. Sus enseñanzas sobre la espiritualidad, la conciencia y la conexión con lo divino pueden proporcionar un marco para una comprensión más profunda de uno mismo y del mundo que nos rodea.

Enfoque en lo interior: En lugar de centrarse exclusivamente en el mundo exterior y en la búsqueda de éxito material, las enseñanzas de maestros como Carl Jung y Claude de Saint-Martin enfatizan la importancia del viaje interior y el desarrollo del yo interior. Estos maestros invitan a la introspección, la autoexploración y el crecimiento personal como vías para encontrar significado y plenitud en la vida.

Respeto por la tradición y la espiritualidad: En un mundo dominado por el consumismo y el materialismo, las enseñanzas de maestros como Alan Kardec y Antoine Fabre d'Olivet pueden recordar la importancia de mantener una conexión con la tradición espiritual y el mundo invisible. Sus enseñanzas sobre la comunicación con el más allá y la búsqueda de la verdad espiritual pueden ofrecer un sentido de propósito y trascendencia en un mundo cada vez más secularizado.

Prácticas de bienestar integral: En un contexto de creciente conciencia sobre el bienestar integral, las enseñanzas de maestros como Max Heindel y Georges Ivanovich Gurdjieff pueden proporcionar herramientas y prácticas para el desarrollo holístico de la mente, el cuerpo y el espíritu. Sus enseñanzas sobre la meditación, la atención plena y la integración de lo físico, lo mental y lo espiritual pueden ser especialmente relevantes en un mundo donde el estrés y la ansiedad son cada vez más comunes.

Las ideas de estos maestros espirituales pueden ofrecer un antídoto valioso a la superficialidad y la desconexión que a menudo caracterizan a la sociedad contemporánea. Al promover la introspección, la espiritualidad y el bienestar integral, estas enseñanzas pueden ayudar a las personas a encontrar un mayor sentido de propósito, conexión y plenitud en sus vidas en el siglo XXI.

Para finalizar, podemos decir que la búsqueda del desarrollo personal y espiritual puede ser un motor poderoso para el cambio social positivo. Al mejorar como individuos, podemos contribuir de manera significativa a la creación de sociedades más armónicas, equitativas y compasivas, donde todos tengan la oportunidad de prosperar y alcanzar su máximo potencial.

En las páginas que siguen, exploraremos las ideas y enseñanzas de algunos de los más influyentes y fascinantes autores esotéricos de todos los tiempos. Desde los primeros días del hermetismo hasta las teorías psicológicas modernas, cada uno de estos autores nos ofrece una visión única y valiosa del mundo oculto que nos rodea. A través de sus palabras, seremos llevados en un viaje de descubrimiento y autoexploración, guiados por la luz de la sabiduría antigua y la visión del futuro. Prepárate para sumergirte en el fascinante mundo del pensamiento esotérico y descubrir los secretos que yacen ocultos en las profundidades de la mente y el alma humanas.

Annie Besant

(1847-1933).

Fue una figura emblemática en la historia del feminismo y del esoterismo, cuya vida estuvo marcada por la búsqueda incansable de la justicia social y la exploración espiritual. Desde sus primeros años, Besant se destacó por su compromiso con diversas causas sociales, especialmente aquellas relacionadas con los derechos de la mujer, incluyendo el movimiento por el control de la natalidad, del cual fue una pionera. Su matrimonio temprano con un clérigo anglicano terminó rápidamente en separación, lo que la llevó a dedicarse plenamente a la promoción del libre pensamiento.

Para 1875, a la edad de veintiocho años, Besant ya había ascendido a la vicepresidencia de la Sociedad Nacional Seglar, destacándose por su vehemencia y capacidad para canalizar su energía hacia las causas que abrazaba. Esta pasión a menudo la colocaba en conflicto con el sistema, particularmente por su defensa del control de la natalidad, desafiando los rígidos cánones de la era victoriana con una voluntad inquebrantable.

El año 1889 marcó un punto de inflexión en su vida cuando se unió a la Sociedad Teosófica, encontrando en la teosofía un respaldo espiritual que complementaba su activismo social. Rápidamente ascendió dentro de la organización y, tras la muerte de Madame Blavatsky en 1891, emergió como líder de una facción significativa dentro del movimiento. En 1907, su influencia y dedicación la llevaron a ser nombrada presidenta de la Sociedad Teosófica.

Sin embargo, su carácter decidido también la hizo susceptible a la influencia de Charles W. Leadbeater, un clérigo anglicano de reputación cuestionable. Convencida por él de la inminente aparición de un nuevo salvador, adoptaron a un joven hindú, Jiddu Krishnamurti, a quien prepararon para ser el nuevo Redentor del mundo. Esta decisión y la eventual renuncia de Krishnamurti a dicho papel provocaron una profunda división dentro de la Sociedad Teosófica, llevando a la salida de miembros destacados como Rudolf Steiner.

Retornando a sus raíces activistas en 1913, Besant se sumergió en la política nacional india, fundando tres años después el gobierno autónomo para la Liga India. Su liderazgo y esfuerzos fueron reconocidos cuando fue nombrada presidenta del Congreso Nacional Indio, posición que posteriormente cedió a Mahatma Gandhi.

A pesar de enfrentar numerosos desafíos y controversias, como el escándalo asociado a su protegido Leadbeater, Annie Besant mantuvo su resiliencia y firmeza hasta el final de sus días. Su legado como teósofa y activista social perdura, recordándonos la importancia de la lucha incansable por la justicia y la exploración espiritual.

William Blake

(1757-1827), pintor, poeta y visionario inglés, se erige como una figura trascendental en el panorama del simbolismo hermético, marcado profundamente por la influencia de pensadores como Emanuel Swedenborg y corrientes místico-herméticas como la cábala, a pesar de sus críticas apasionadas hacia ellos. Nacido en Londres en una familia de modestos comerciantes, Blake vivió en un periodo considerado crítico por algunos hermetistas, quienes llegaron a describir el año de su nacimiento, como un primer Juicio Final.

Desde temprana edad, Blake experimentó visiones místicas, siendo la primera a los ocho años con la aparición del profeta Ezequiel. Estas visiones, que se repetirían a lo largo de su vida, se convirtieron en una fuente inagotable de inspiración, alimentando su obra y su visión del mundo. Autodidacta apasionado, Blake dedicó su juventud al estudio de los clásicos, con un interés particular en Shakespeare y Milton, lo que cimentó las bases de su camino místico y creativo.

Camino Místico de Blake

Blake sostenía que el hombre podía comunicarse con el Paraíso a través de tres medios: la poesía, la pintura y la música. Dedicado por completo a las dos primeras, eligió con meticulosa atención las palabras para sus escritos, manteniendo un ritmo y cadencia que no rompieran la magia de su mensaje. Convencido de que el mundo de la imaginación es el mundo de la eternidad, esta creencia no solo inspiró toda su obra sino que también iluminó su existencia, marcada por un constante combate contra la materialidad.

Entre sus primeras obras poéticas destacan "Cantos de Inocencia" y "Tiriel", escritas en 1789. La alegría despreocupada del primero contrasta con las notas dramáticas y la tristeza del segundo. Su fascinación por el hermetismo y la cábala, y posiblemente la obra de Agrippa, profundizó su interés por lo oculto, culminando en la creación de "Las bodas del Cielo y del Infierno" entre

1790 y 1793, una obra compleja y sorprendente.

Esta obra es parte de la producción literaria y artística de Blake, que incluye tanto poesía como grabados, y se caracteriza por su profundo simbolismo y su crítica a las normas religiosas y morales de la sociedad de finales del siglo XVIII.

La obra se estructura como una serie de textos en prosa y poesía, acompañados de grabados que Blake diseñó y ejecutó él mismo. A través de estos textos, Blake explora la relación entre dos estados opuestos del alma humana, representados por el Cielo y el Infierno, pero de una manera que subvierte las interpretaciones tradicionales. En lugar de ver el Cielo y el Infierno como destinos finales de recompensa o castigo, Blake los presenta como estados de conciencia que coexisten y se entrelazan en la experiencia humana.

Uno de los aspectos más revolucionarios de la obra es la revalorización de lo que tradicionalmente se consideraba malo o pecaminoso. Blake argumenta que la represión de los deseos naturales y la imposición de una moralidad restrictiva son contraproducentes para el desarrollo espiritual del ser humano. En este sentido, el "Infierno" de Blake simboliza la energía vital, la creatividad y la pasión, aspectos de la existencia que deben ser celebrados y no reprimidos.

La obra contiene el famoso "Proverbios del Infierno", una serie de aforismos que invierten la sabiduría convencional y proponen una nueva ética basada en la afirmación de la vida y la libertad individual. Estos proverbios desafían las nociones de bien y mal y promueven una visión más compleja y matizada de la moralidad.

"Las bodas del Cielo y del Infierno" también critica la religión organizada y su papel en la perpetuación de sistemas de creencias que Blake consideraba limitantes y falsos. A través de su obra, busca liberar a la religión de las ataduras de la institucionalización y recuperar una conexión más directa y auténtica con lo divino, una que se encuentra a través de la imaginación y la experiencia personal.

El pensamiento de William Blake es una amalgama rica y compleja de misticismo, rebelión y profunda introspección espiritual. Su obra "Las bodas del Cielo y del Infierno" no solo sirve como un manifiesto revolucionario contra las normas convencionales de su tiempo, sino que también ofrece una visión radicalmente nueva de la existencia humana y su relación con lo divino. Blake desafía las dicotomías tradicionales de bien y mal, cuerpo y alma, proponiendo una integración más holística de la experiencia humana.

Pensamiento de Blake

Visión Integradora del Ser

Blake argumenta contra la noción dualista de que el hombre está compuesto por dos principios separados: el cuerpo y el alma. Para él, esta división es artificial y errónea. En su visión, lo que llamamos cuerpo es simplemente una manifestación de la alma que los cinco sentidos pueden percibir. Esta idea revolucionaria sugiere que la espiritualidad y la materialidad no están separadas, sino que son expresiones de una misma realidad. Blake ve el cuerpo no como una prisión del alma, sino como su expresión, su vehículo en el mundo material.

Energía como Esencia de la Vida

Otro pilar del pensamiento de Blake es la revalorización de la energía, que tradicionalmente se asociaba con el mal, como la esencia de la vida. Contrario a la creencia de que la razón y la moralidad (asociadas con el bien) son superiores, Blake celebra la energía y la pasión como las verdaderas manifestaciones de la vida. La energía, para Blake, es sinónimo de creatividad, deseo y acción, y es la fuente de todo cambio y progreso. La razón, por otro lado, es vista como el límite que encierra esta energía, una herramienta necesaria pero que no debe sofocar el espíritu humano.

La Delicia Eterna de la Energía

La afirmación de Blake de que "la Energía es la Delicia Eterna" es una invitación a abrazar nuestras pasiones y deseos, no como pecados o distracciones, sino como expresiones auténticas de nuestro ser más profundo. Esta perspectiva invierte las normas morales tradicionales y celebra la vida en todas sus formas. Blake no solo desafía la represión religiosa y social de su época, sino que también ofrece una visión más liberadora y jubilosa de la existencia humana.

Concordancia con Paracelso

La influencia de Paracelso en el pensamiento de Blake es evidente en la creencia compartida de la existencia de dos cuerpos: uno visible y otro invisible. Esta idea resuena con la visión de Blake sobre la unidad del cuerpo y el alma, así como la importancia de la imaginación. Para Blake, la imaginación es la facultad que permite al ser humano acceder a realidades más profundas y trascendentes, un eco de la visión de Paracelso sobre la imaginación como una fuerza capaz de transformar el mundo.

La Imaginación como Vehículo de Verdad

Finalmente, Blake eleva la imaginación a la categoría de verdad suprema. Contrario a la visión de su tiempo, que privilegiaba la razón y el empirismo, Blake ve en la imaginación no solo una fuente de creatividad artística, sino un medio para acceder a verdades espirituales y eternas. La imaginación es para Blake el órgano de percepción espiritual, a través del cual el individuo puede vislumbrar la realidad divina que subyace a la apariencia material del mundo.

El pensamiento de William Blake, con su énfasis en la unidad del ser, la celebración de la energía vital, y la exaltación de la imaginación, ofrece una visión profundamente original y desafiante de la condición humana. Su obra invita a una reevaluación de nuestras percepciones y creencias, proponiendo un camino hacia una comprensión más integrada y espiritualmente enriquecedora de nuestra existencia.

El amor en el pensamiento de Blake

Este ocupa un lugar central y se manifiesta con la misma intensidad y rebeldía que caracteriza al conjunto de su obra. Blake aborda el amor no solo como una emoción o un sentimiento, sino como una fuerza esencial que permea el universo, desafiando los convencionalismos, los prejuicios y el fariseísmo de su época. Para él, el amor trasciende las barreras entre lo físico y lo espiritual, entre el éxtasis místico y la unión carnal, presentándose como una experiencia holística y profundamente integradora.

En la visión de Blake, el amor es una expresión de la energía vital que sostiene la creación, una fuerza que une y que revela la unidad intrínseca de todas las cosas. Esta concepción se opone radicalmente a las normativas morales restrictivas de su tiempo, que buscaban regular las expresiones del amor y del deseo, encasillándolas dentro de parámetros estrechos y a menudo hipócritas. Blake, en cambio, celebra el amor en todas sus formas, viéndolo como una manifestación de la divinidad y como un camino hacia la realización espiritual y personal.

Para Blake, no hay distinción entre el amor espiritual y el amor físico; ambos son aspectos de la misma realidad divina. Esta visión integradora se opone a las dualidades impuestas por la sociedad y la religión de su tiempo, que veían el cuerpo y el espíritu como entidades separadas y a menudo en conflicto. En su obra, Blake invita a sus lectores a reconocer y abrazar la naturaleza sagrada del amor y del deseo, como vehículos para alcanzar una comprensión más profunda de sí mismos y del universo.

El amor, en el pensamiento de Blake, también actúa como una fuerza de rebelión contra las estructuras opresivas, ofreciendo una visión de libertad que desafía las convenciones sociales y morales. A través del amor, Blake vislumbra la posibilidad de un mundo más justo y armonioso, donde las barreras artificiales impuestas por el hombre se disuelven en la experiencia unificadora del amor divino.

La muerte de Blake en agosto de 1827 no marcó el fin de su influencia. A pesar de haber sido criticado por sus contemporáneos, su legado perdura, sostenido por la fuerza de su visión y su inquebrantable compromiso con la verdad. Su concepción del amor como una fuerza liberadora y unificadora sigue resonando hoy en día, ofreciendo una alternativa poderosa a las visiones más limitadas y restrictivas del amor y la espiritualidad. En su vida y obra, Blake encarnó la idea de que el amor, en todas sus expresiones, es fundamental para la comprensión del misterio de la existencia y para la realización del potencial humano.

Helena Petrovna Blavatsky

Conocida popularmente como Madame Blavatsky, es una figura central en la historia del ocultismo y fundadora de la Sociedad Teosófica. Nacida el 30 de julio de 1831 en Ekaterinoslav (actual Dnipro, Ucrania) en una época marcada por una devastadora epidemia de cólera, su nacimiento estuvo rodeado de presagios dramáticos, incluido un incidente durante su bautismo en el que las vestiduras del pope se incendiaron, lo que fue interpretado por algunos como un augurio ominoso. Proveniente de una familia aristocrática con conexiones con la familia imperial rusa, Blavatsky tuvo una infancia difícil, marcada por la temprana muerte de su madre y rodeada de sucesos misteriosos.

Desde joven, Blavatsky demostró tener un carácter rebelde, así como un talento excepcional y una inclinación hacia las ciencias y la literatura. Exhibió también capacidades paranormales, incluyendo dotes de clarividencia y un notable poder de persuasión. A los diecisiete años, se casó con el general Nikifor Blavatsky, un matrimonio que nunca se consumó y del cual ella pronto huyó, comenzando así una vida de aventuras y búsqueda espiritual.

Primeros Viajes

Tras abandonar a su esposo, Blavatsky emprendió una serie de viajes que la llevaron primero a Constantinopla y luego a Egipto, donde recibió su primera iniciación en el ocultismo de manos de un musulmán renombrado por sus conocimientos esotéricos. Sus viajes continuaron por París, Estados Unidos, México, India, y finalmente Londres, donde conoció a Kut Humi Lal Sing, un personaje misterioso que tendría una influencia decisiva en su vida y obra. Este "Maestro" fue clave en su desarrollo personal y en la fundación de la teosofía, dotándola de un conocimiento profundo y ayudándola a canalizar sus facultades psíquicas de manera efectiva.

Blavatsky reanudó sus viajes con renovado ímpetu, visitando nuevamente América, Japón, India, y Tíbet. En 1858, regresó a Rusia, donde, a pesar de su juventud, ya era respetada como una autoridad en ocultismo. Su insaciable curiosidad por lo misterioso la llevó al Cáucaso, donde compró una propiedad y se dedicó a interactuar con brujos y curanderos locales, profundizando aún más en sus estudios esotéricos.

La vida de Madame Blavatsky es un testimonio de una búsqueda incansable de conocimiento y verdad espiritual, marcada por una constante exploración de lo desconocido. Su legado, la Sociedad Teosófica, continúa siendo un punto de encuentro para aquellos interesados en el estudio del ocultismo, la filosofía espiritual y la búsqueda de un conocimiento más profundo de la vida y el universo. Su obra y su vida desafían las convenciones de su tiempo, abriendo caminos hacia nuevas formas de entender la espiritualidad y la conexión entre lo material y lo divino.

La fundación de la Sociedad Teosófica en 1875 marca un hito crucial en la historia del esoterismo moderno, resultado de la colaboración entre Helena Petrovna Blavatsky y el coronel Henry Steel Olcott. Durante su tercera estancia en Estados Unidos, Blavatsky conoció a Olcott, un veterano de la Guerra de Secesión con un profundo interés en los fenómenos paranormales. A través de numerosas reuniones, ambos forjaron una alianza que culminaría en la creación de la Sociedad Teosófica, una organización dedicada al estudio y exploración de las leyes ocultas de la naturaleza y la divinidad.

Olcott fue nombrado presidente vitalicio de la sociedad, un título más honorífico que ejecutivo, mientras que Blavatsky asumió el rol de secretaria. A pesar de la aparente modestia de su cargo, Blavatsky se convirtió en la verdadera fuerza motriz detrás del movimiento, dirigiendo sus esfuerzos y delineando su dirección filosófica y espiritual.

La Sociedad enfrentó desafíos desde sus inicios, particularmente un declive en el interés por lo psíquico en Estados Unidos. Esta situación llevó a Olcott y Blavatsky a tomar la decisión de liquidar todos sus bienes y trasladarse a la India, donde fundaron un nuevo centro en Adyar. Este centro pronto ganaría reconocimiento mundial, a pesar de las hostilidades iniciales de ciertos sectores eclesiásticos europeos, que veían en la Sociedad Teosófica una amenaza por su naturaleza de orden secreta.

Los años en Adyar fueron fructíferos, pero eventualmente Blavatsky se trasladó a Londres, donde establecería su residencia definitiva y fundaría la Blavatsky Lodge. Este nuevo capítulo en su vida atrajo a muchas mujeres de la aristocracia inglesa, expandiendo aún más la influencia y el alcance de la teosofía.

Hacia el final de su vida, Blavatsky enfrentó problemas de salud que la incapacitaron para realizar tareas domésticas. Según relatos de sus allegados, ella afirmaba contar con la ayuda de una "pequeña legión de seres elementales o duendes" para estos menesteres, una anécdota que, más allá de su veracidad, ilustra la fascinante y enigmática personalidad de Blavatsky. Su muerte en 1891 no significó el fin de su legado; por el contrario, la Sociedad Teosófica continuó creciendo y difundiendo sus enseñanzas, consolidándose como una de las influencias más significativas en el pensamiento esotérico y espiritual de la modernidad.

El pensamiento de Helena Blavatsky

Como figura central en el desarrollo del esoterismo moderno y fundadora de la Sociedad Teosófica,sus reflexiones se articulan principalmente a través de sus obras más influyentes, "La Doctrina Secreta" e "Isis Sin Velo". Estos textos representan la culminación de su búsqueda espiritual y su intento de sintetizar el conocimiento oculto y esotérico con los descubrimientos científicos de su tiempo.

"Isis Sin Velo", publicada en dos volúmenes, se convirtió rápidamente en un éxito, agotando su primera edición en pocos días. La obra es notable no solo por la amplitud de conocimientos que abarca, incluyendo ciencia, filosofía y religión, sino también por el misterio que rodea su creación. Dadas las limitaciones aparentes en los estudios formales de Blavatsky y la falta de acceso a documentación extensa, algunos han especulado sobre la posibilidad de que recibiera ayuda, ya sea de un erudito hindú conocido como "el Maestro" o a través de medios sobrenaturales. Blavatsky misma atribuyó la autoría de sus conocimientos al contacto con iniciados del Oriente y a un estudio profundo de las ciencias.

En "Isis Sin Velo", Blavatsky critica la percepción de progreso moral e intelectual vinculada exclusivamente al cristianismo y a la ciencia moderna, argumentando que la sabiduría de los antiguos filósofos era adecuada para su tiempo y no necesariamente inferior a la comprensión contemporánea. Contrapone la idealización del progreso a la realidad de un clero a menudo dogmático y corrupto, la proliferación de sectas religiosas en conflicto, y una ciencia construida sobre hipótesis inestables y disputas envidiosas. Blavatsky ve en la sociedad de su tiempo una inclinación hacia el materialismo, marcada por un conflicto entre ciencia y teología, y sugiere que la verdadera sabiduría y piedad son excepciones en un mundo regido por la hipocresía y la superficialidad.

La crítica de Blavatsky al materialismo y su defensa de una sabiduría esotérica más profunda reflejan su convicción de que la espiritualidad y el conocimiento oculto ofrecen un camino hacia una comprensión más integral de la realidad, superando las limitaciones de las perspectivas científicas y religiosas convencionales. Su obra invita a una reevaluación de las fuentes del conocimiento y a una búsqueda de la verdad que trasciende las divisiones tradicionales entre ciencia y espiritualidad.

Los objetivos de Helena Blavatsky

Tal como se desprenden de sus escritos y especialmente de su obra "Isis Sin Velo", reflejan una profunda convicción en el potencial ilimitado de la mente humana y en la posibilidad de alcanzar un conocimiento y una comprensión más profundos de la naturaleza y del universo. Blavatsky rechaza la noción de magia como algo que excede las capacidades humanas o que implica la transgresión de las leyes naturales. En cambio, propone una visión en la que los llamados milagros son simplemente manifestaciones de leyes naturales aún no comprendidas por la ciencia convencional.

Blavatsky sugiere que, en el marco de la evolución, si el alma humana ha progresado desde formas de vida más simples hasta alcanzar las elevadas facultades intelectuales del ser humano, entonces no es irrazonable pensar que estamos en proceso de desarrollar facultades perceptivas más avanzadas. Estas nuevas facultades nos permitirían acceder a verdades y realidades que trascienden nuestra percepción ordinaria, abriendo caminos hacia el conocimiento oculto o esotérico que ha sido preservado por iniciados a lo largo de la historia.

Para Blavatsky, el perfeccionamiento interior y el trabajo en el propio desarrollo espiritual son esenciales para continuar esta evolución hacia la adquisición de sabiduría y la autorrealización. Este enfoque no solo promueve el crecimiento individual, sino que también sugiere que cada persona tiene la capacidad de convertirse en su propio maestro, reconociendo la inmortalidad del alma y el potencial ilimitado para el crecimiento y el esplendor.

Los objetivos de Blavatsky se centran en:

1. Promover una comprensión más profunda de las leyes naturales y espirituales que gobiernan el universo, más allá de las limitaciones de la ciencia y la religión convencionales.

2. Fomentar el desarrollo de nuevas facultades perceptivas en el ser humano, que permitan una conexión más íntima y directa con la naturaleza y el cosmos.

3. Incentivar el perfeccionamiento interior y la búsqueda de la sabiduría, como medios para alcanzar la autorrealización y reconocer la naturaleza inmortal del alma.

Blavatsky ve en la evolución del alma humana una trayectoria ascendente hacia la iluminación y el conocimiento espiritual, un camino que cada individuo puede recorrer mediante el estudio, la introspección y el desarrollo de sus capacidades latentes. Su obra invita a una exploración profunda de lo desconocido, con la convicción de que el verdadero progreso humano reside en la expansión de nuestra conciencia y comprensión del universo.

Alessandro Cagliostro

Nacido Giuseppe Balsamo, es una de las figuras más enigmáticas y fascinantes del ocultismo y la masonería del siglo XVIII. Su vida, marcada por el misterio, la aventura y el escándalo, lo llevó a recorrer gran parte de Europa, dejando una huella indeleble en la historia del esoterismo.

Orígenes y Primeros Años

Cagliostro nació en Palermo, en una familia de noble ascendencia pero de recursos limitados. Su educación inicial en un seminario y posteriormente en un convento en Caltagirone le proporcionó una base en artes curativas, aunque pronto quedó claro que su destino no estaría en la vida eclesiástica. Sus primeras aventuras amorosas lo obligaron a abandonar el convento, marcando el inicio de su vida errante.

Trabajando temporalmente para el cardenal Orsino como pintor, Cagliostro sedujo a una joven con la que se casó y que se convirtió en su compañera de aventuras. Su vida juntos estuvo llena de viajes, comenzando en Madrid y Londres, de donde tuvieron que huir debido a escándalos. Adoptando el título de "condes Cagliostro", se mezclaron con la aristocracia europea, ganándose la vida a través de discretos trabajos de alquimia y su ingreso en la masonería inglesa en 1777.

Cagliostro en Europa

A medida que Cagliostro se adentraba en el mundo del ocultismo a través de la masonería, sus supuestas habilidades mágicas comenzaron a destacar. Continuó viajando por Europa, ganándose la confianza y admiración de logias y centros esotéricos. En Nüremberg, fue recibido como un gran maestro por los rosacruces, y en Berlín, el rey Federico II de Prusia le rindió homenaje. En San Petersburgo, realizó curaciones sorprendentes entre la aristocracia, lo que le valió una gran simpatía, aunque eventualmente tuvo que huir a Polonia debido a circunstancias adversas.

La historia de Alessandro Cagliostro, nacido Giuseppe Balsamo, es una narrativa de ascenso y caída dramáticos, que encapsula la fascinación y el miedo que sus contemporáneos sentían hacia lo oculto y lo misterioso. Su vida, llena de esplendor y controversia, refleja la complejidad de la sociedad pre-revolucionaria europea y su relación con el esoterismo.

Esplendor

Cagliostro alcanzó un punto culminante en su carrera cuando fue consultado por la reina María Antonieta de Francia, y sus predicciones, incluido el nacimiento del Delfín, se cumplieron con precisión. Su reputación creció enormemente, alimentada por rumores de su capacidad para evocar espíritus y crear poderosos remedios mediante la alquimia. A pesar de las dudas sobre sus motivaciones, su popularidad y fama continuaron aumentando, y buscó el reconocimiento de su logia masónica por parte de las autoridades eclesiásticas y seculares más altas.

Caída

Sin embargo, la implicación de Cagliostro en el escándalo del collar de la Reina, un complejo fraude que implicaba a figuras de la alta sociedad francesa, incluido el cardenal de Rohan, marcó el principio de su caída. Aunque inicialmente fue encarcelado en la Bastilla, fue liberado tras un juicio que lo declaró absuelto, un evento que provocó la aclamación popular. No obstante, la liberación de Cagliostro fue de corta duración, ya que pronto se vio obligado a abandonar Francia por orden de expulsión.

Obra de Cagliostro

Alessandro Cagliostro, a pesar de su fama como ocultista y aventurero, no dejó tras de sí un corpus extenso de obras escritas en el sentido tradicional. Su influencia y legado se transmitieron más a través de sus prácticas, enseñanzas orales, y la leyenda que construyó a su alrededor que mediante textos publicados bajo su nombre. Sin embargo, se le atribuyen varios manuscritos y documentos relacionados con sus intereses en la alquimia, la masonería, y el ocultismo.

Entre los textos asociados a Cagliostro, los más notables incluyen:

1. Ritual de la Alta Masonería Egipcia: Cagliostro es conocido por haber fundado la Masonería Egipcia, una rama del rito masónico que pretendía remontarse a los misterios de la antigüedad egipcia. Este rito incluía ceremonias y enseñanzas específicas, algunas de las cuales fueron plasmadas en manuscritos que describen los rituales y la filosofía de esta forma de masonería.

2. Libro de la Sabiduría: Se dice que Cagliostro escribió un "Libro de la Sabiduría" o textos similares que contenían sus enseñanzas esotéricas y alquímicas. Estos escritos supuestamente detallaban sus conocimientos sobre la transmutación de los metales, el elixir de la vida, y otros secretos ocultos. La existencia de tales textos es objeto de debate y especulación, y su autenticidad no siempre puede ser verificada.

3. Cartas y Diarios: A lo largo de sus viajes y aventuras, Cagliostro escribió varias cartas y pudo haber mantenido diarios que relataban sus experiencias, encuentros, y reflexiones sobre los misterios esotéricos que estudiaba. Algunas de estas cartas han sido citadas por biógrafos e investigadores del ocultismo, aunque su acceso es limitado.

Es importante señalar que la figura de Cagliostro ha sido envuelta en mito y controversia, lo que hace difícil separar los hechos históricos de la ficción en muchos aspectos de su vida, incluyendo sus escritos. Muchos textos atribuidos a él o relacionados con sus enseñanzas pueden haber sido elaborados por seguidores o detractores después de su muerte, contribuyendo al aura de misterio que rodea su legado.

Vínculos con la masonería

Alessandro Cagliostro es una figura envuelta en el misterio y la controversia, especialmente en lo que respecta a sus vínculos con la masonería. Su relación con la masonería es compleja y multifacética, marcada tanto por su contribución al desarrollo de rituales masónicos como por las disputas y el escepticismo que suscitó entre algunos masones de su tiempo.

Ingreso en la Masonería

Cagliostro fue iniciado en la masonería en Inglaterra, aunque los detalles específicos de su iniciación, incluyendo la fecha exacta y la logia a la que se unió inicialmente, son objeto de debate entre los historiadores. Se cree que su ingreso en la masonería ocurrió en la década de 1770.

Masonería Egipcia

La contribución más significativa de Cagliostro a la masonería fue la creación del Rito de la Masonería Egipcia, también conocido como el Rito Egipcio. Este rito se basaba en una interpretación esotérica y mística de los rituales masónicos, incorporando elementos que Cagliostro afirmaba haber derivado de antiguas tradiciones egipcias y herméticas. El Rito Egipcio de Cagliostro ofrecía una serie de grados o niveles de iniciación, cada uno con sus propios rituales y enseñanzas secretas.

Logias y Actividades Masónicas

Cagliostro fundó varias logias masónicas basadas en su Rito Egipcio en diferentes partes de Europa, incluyendo Francia, Rusia, Polonia, y posiblemente otras regiones. Estas logias atraían a miembros de la alta sociedad y la aristocracia, así como a aquellos interesados en los aspectos más esotéricos y místicos de la masonería.

Una de las logias más famosas asociadas con Cagliostro fue la Logia de la Triunfante Madre, establecida en París. Como Gran Maestre de esta logia, Cagliostro intentó promover sus enseñanzas y prácticas, aunque no sin controversia. Su enfoque único y las afirmaciones sobre el origen y la autoridad de su rito generaron tanto admiración como oposición dentro de la comunidad masónica.

Controversias y Legado

La figura de Cagliostro en la masonería es polémica. Mientras que algunos lo veían como un reformador y un místico genuino, otros lo consideraban un charlatán y un hereje. Sus prácticas y enseñanzas, especialmente su énfasis en los aspectos esotéricos y ocultos, fueron motivo de división.

Después de su muerte, el legado de Cagliostro en la masonería continuó siendo objeto de debate. Aunque el Rito Egipcio no se adoptó ampliamente dentro de la masonería mainstream, influenció el desarrollo de otros ritos y tradiciones esotéricas dentro de la fraternidad.

En resumen, los vínculos de Cagliostro con la masonería reflejan tanto su influencia en la evolución de prácticas masónicas esotéricas como las complejidades y desafíos que enfrentó en su vida. Su figura sigue siendo fascinante para los estudiosos del ocultismo y la historia de la masonería.

Últimos Años y Legado

En Estrasburgo, Cagliostro se dedicó a una labor social, atendiendo a enfermos y pobres y realizando curaciones. Su relación con el cardenal de Rohan en París, sin embargo, marcaría el principio del fin para Cagliostro. Tras crear una logia masónica y autoproclamarse Gran Maestre, se vio envuelto en el escándalo del Affaire del collar, que eventualmente lo llevaría a la ruina.

Después de una breve estancia en Londres y Basilea, Cagliostro cometió el error fatal de regresar a Italia. Allí, tras ser abandonado por su esposa, quien lo denunció a la Inquisición, comenzó su verdadero calvario. Su identidad como Giuseppe Balsamo fue revelada, y fue acusado de estafas, falsificaciones, y herejías relacionadas con sus prácticas masónicas. Encarcelado en el castel Sant'Angelo por orden papal, Cagliostro fue condenado a muerte, una sentencia que luego se conmutó por reclusión perpetua. Murió en prisión cuatro años después, en 1795.

Los documentos encontrados en su domicilio, que contenían profecías sobre el fin de la monarquía en Francia y la desaparición de los Estados papales, solo sirvieron para enardecer a sus inquisidores. La vida de Cagliostro es un testimonio de la delgada línea entre el genio y el fraude, y su historia permanece como un ejemplo cautivador de cómo la búsqueda de conocimiento oculto y poder puede conducir tanto a la gloria como a la ruina.

La vida de Cagliostro es un testimonio de la complejidad del esoterismo en el siglo XVIII, mezclando la búsqueda de conocimiento oculto con el arte de la supervivencia en una Europa fascinada por lo misterioso y lo desconocido. Su legado, aunque manchado por el escándalo y la controversia, permanece como un recordatorio de la delgada línea entre el genio y el fraude en la historia del ocultismo.

Eliphas Lévi

Seudónimo de Alphonse Louis Constant, es una de las figuras más emblemáticas del esoterismo del siglo XIX. Su vida, marcada por la búsqueda espiritual, la controversia y la dedicación al ocultismo, refleja el complejo entramado de ideas y movimientos que caracterizaron a su época.

Nacido (1810-1875) en París en una familia de escasos recursos, Lévi mostró desde joven un profundo interés por lo espiritual, lo que inicialmente lo llevó a seguir una carrera eclesiástica. Su paso por el seminario de Saint Nicholas y luego por el más prestigioso de Issy, destacó no solo por su brillantez intelectual sino también por su temprano contacto con el hermetismo, gracias a la influencia de un director del centro aficionado a estas enseñanzas.

La vida de Lévi tomó un giro decisivo cuando, estando a punto de ordenarse sacerdote, se enamoró y decidió abandonar el seminario. Este cambio de rumbo lo llevó a una existencia marcada por la incertidumbre y la pobreza en París, donde se vinculó con figuras destacadas de la época, como Flora Tristán y, a través de los círculos literarios, conoció a Honoré de Balzac, entre otros.

A pesar de reconsiderar su vocación religiosa y pasar un tiempo en la abadía de Solesmes, un desencuentro con el abad lo obligó a regresar a París, donde continuó enfrentando dificultades económicas. Sin embargo, estas adversidades no frenaron su producción literaria. Su primera obra importante, "La Biblia de la Libertad", inspirada en las ideas reformistas del cristianismo de Lanunenais, le acarreó problemas legales y una condena a casi un año en una penitenciaría religiosa. Fue durante este período de reclusión cuando Lévi se sumergió en la obra de Emanuel Swedenborg, cuyas ideas ejercerían una profunda influencia en su pensamiento.

La transformación de Alphonse Louis Constant en Eliphas Lévi, el ocultista, se consolidó a través de sus estudios y escritos posteriores, en los que se dedicó a explorar y sistematizar el conocimiento esotérico. Sus obras más significativas, "Dogma y Ritual de Alta Magia" y "Historia de la Magia", entre otras, no solo reflejan su erudición sino que también establecieron las bases de lo que se conocería como la magia ceremonial moderna. Lévi es recordado por su intento de reconciliar la ciencia, la religión y el ocultismo, proponiendo un universo en el que la magia es vista como la ciencia de los misterios divinos.

El legado de Eliphas Lévi es vasto, influenciando no solo a los ocultistas de su tiempo sino también a posteriores generaciones interesadas en el esoterismo, la magia y la filosofía hermética. Su vida y obra son testimonio de un incansable buscador de la verdad, que intentó desvelar los secretos del universo y la existencia humana a través del prisma del ocultismo.

La vida de Alphonse Louis Constant estuvo marcada por una serie de transformaciones profundas que reflejan su incesante búsqueda de conocimiento y su compromiso con las causas sociales y espirituales. Tras su salida de la abadía de Solesmes, Constant regresó a París, enfrentándose nuevamente a la adversidad económica. Sin embargo, esta difícil situación no impidió que continuara su producción literaria, resultando en la publicación de "La Biblia de la Libertad", una obra que, aunque le causó problemas legales, también marcó el inicio de su profundo interés por el esoterismo y la influencia de Emanuel Swedenborg en su pensamiento.

Un Difícil Comienzo

La liberación de Constant de la penitenciaría no significó un retorno tranquilo a la vida religiosa. Aunque intentó retomar su carrera eclesiástica como predicador itinerante, la revelación de su identidad lo forzó a abandonar esta vía. Este período de su vida se caracterizó por una "libertad interior y exterior", aunque plagada de dificultades económicas. Constant se vio obligado a subsistir mediante la composición de canciones y trabajos esporádicos, reflejando su persistente lucha por la supervivencia en medio de su dedicación a la búsqueda espiritual.

Compromiso Social y Esotérico

El interés de Constant por el orden social y su participación en los círculos revolucionarios destacan su compromiso con la búsqueda de una justicia social más amplia. Sin embargo, este compromiso político no lo alejó de su fascinación por lo esotérico, particularmente por la alquimia, hacia la cual sentía una atracción especial. Durante este tiempo, conoció y eventualmente se casó con Claude Vignon, quien se convertiría en una reconocida escultora. Este encuentro subraya la importancia de las relaciones personales en su vida y su defensa de la igualdad de género, un principio que lo llevaría nuevamente a enfrentar problemas legales.

Hermetismo y Encuentros Influyentes

A pesar de su activismo social y político, Constant se mantuvo fiel a su vocación esotérica, sumergiéndose en las obras de místicos y pensadores esotéricos como Jacob Böhme, Martinès de Pasqually, y Louis-Claude de Saint-Martin. Su interés no se limitaba a figuras puramente espirituales; también se sintió atraído por personalidades complejas y enigmáticas, lo que refleja la amplitud de su búsqueda intelectual y espiritual.

La vida de Eliphas Lévi es un testimonio de la intersección entre el compromiso social y la profundización en el misterio esotérico. A través de sus experiencias personales, sus desafíos y sus estudios, Constant se forjó un camino único que lo llevaría a convertirse en una de las figuras más influyentes del esoterismo occidental. Su legado, marcado por la síntesis de la espiritualidad, la alquimia y el hermetismo, continúa inspirando a buscadores espirituales y estudiosos del ocultismo hasta el día de hoy.

La trayectoria de Lévi, es emblemática de un viaje espiritual y filosófico que trasciende lo personal para adentrarse en el corazón del esoterismo occidental. Su vida, una amalgama de desafíos personales, búsqueda espiritual intensa, y compromiso con transformaciones sociales, ilustra la complejidad de un hombre que buscó reconciliar los mundos aparentemente dispares de la religión, la magia, y la política.

Desde sus primeros años en el seminario hasta su profundo estudio de las obras de místicos como Emanuel Swedenborg, Jacob

Böhme, y Martinès de Pasqually, Lévi se embarcó en una búsqueda incansable de la verdad espiritual. Esta búsqueda no estuvo exenta de controversias y dificultades, como lo demuestra su enfrentamiento con la ley tras la publicación de "La Biblia de la Libertad", momentos que, lejos de disuadirlo, profundizaron su compromiso con el esoterismo.

El período de "libertad interior y exterior" que siguió a su liberación de la prisión fue crucial para la evolución de Lévi como pensador esotérico. A pesar de las adversidades económicas, su dedicación a la alquimia, su defensa de la igualdad de género, y su participación en los movimientos revolucionarios de su tiempo, revelan a un hombre profundamente comprometido con la idea de un cambio social y espiritual.

La influencia de Lévi en el esoterismo no puede ser subestimada. Sus obras, especialmente "Dogma y Ritual de Alta Magia", no solo consolidaron su reputación como uno de los más grandes ocultistas del siglo XIX, sino que también establecieron las bases teóricas para muchas de las prácticas esotéricas y mágicas contemporáneas. A través de su vida y su obra, Lévi demostró que el esoterismo no es meramente un interés por lo oculto, sino una profunda y compleja búsqueda de conocimiento que abarca lo divino, lo humano, y lo natural.

El legado de Eliphas Lévi perdura, inspirando a generaciones de esoteristas, magos, y buscadores de la verdad. Su vida es un recordatorio de que el camino hacia el conocimiento espiritual es a menudo tortuoso y lleno de obstáculos, pero también de que la perseverancia en la búsqueda de la sabiduría puede iluminar los rincones más oscuros de nuestra existencia y revelar las verdades eternas que unen el cosmos.

Antoine Fabre d'Olivet

Ocultista francés y figura precursora del espiritismo, vivió una vida marcada por el sufrimiento y la persecución, pero también por una profunda inmersión en el estudio del hermetismo y las ciencias ocultas. Su infancia estuvo teñida por las dificultades enfrentadas por su familia debido a su fe protestante, lo que culminó en el encarcelamiento de su madre y la posterior ruina económica a raíz de la Revolución Francesa. Estos eventos forjaron en Fabre d'Olivet una resiliencia y una sed de conocimiento que lo llevarían a París, donde se sumergiría en el mundo del hermetismo pitagórico y comenzaría su notable carrera como ocultista.

Obra de Fabre d'Olivet

Una vez establecido en París, Fabre d'Olivet dedicó su vida a la exploración de diversas prácticas esotéricas, incluyendo el magnetismo, el hipnotismo y la necromancia. Su obra escrita refleja una profunda comprensión de estas disciplinas, así como su convicción en una secta de corte pitagórico francmasón, que influiría notablemente en el pensamiento esotérico posterior a su muerte.

Su tratado "Historia filosófica del género humano" es particularmente significativo, ya que en él expone una visión compleja de la relación entre Providencia, Destino y Voluntad. Fabre d'Olivet propone que existe una entidad superior, incomprensible, a la que tanto Dios como la materia deben sus cualidades. Esta entidad, denominada "destino" por los antiguos, interactúa con la Providencia y el hombre de manera que todo en el universo está sujeto a estos tres poderes, excepto Dios, quien los engloba sin estar contenido por ellos.

La Voluntad y la Aritmosofía

Para Fabre d'Olivet, la voluntad es una expresión del poder y la dignidad humanos, capaz de "subyugar a la Naturaleza" y permitir al individuo "operar milagros". Esta idea resalta la importancia de la voluntad como origen espiritual y su papel en la conquista de la libertad personal.

Además, su estudio de la aritmosofía, o la sabiduría a través de los números, refleja su creencia en una armonía universal que subyace a toda ciencia y conocimiento. Según Fabre d'Olivet, existe una correspondencia perfecta entre los distintos niveles del universo, desde lo celestial hasta lo terrenal, lo inteligible hasta lo sensible, lo indivisible hasta lo divisible. Esta visión holística del cosmos sugiere que los eventos en cualquier región del universo son reflejos exactos de los que ocurren en otra, subrayando la interconexión de todo lo existente.

Hermetismo

Antoine Fabre d'Olivet, en su profundo estudio y práctica del hermetismo, abrazó y expandió el principio de correspondencia, uno de los pilares del pensamiento hermético, que sostiene que el macrocosmos (el universo) es reflejo del microcosmos (el hombre) y viceversa. Esta noción de analogía universal, que sugiere una similitud fundamental entre todos los niveles de la realidad, fue central en su obra y práctica espiritual. Fabre d'Olivet argumentó que "todo tiene su principio, y no puede tener más que uno", enfatizando la unidad subyacente de todas las cosas y la variabilidad de sus manifestaciones.

Ritos de Fabre

Fabre d'Olivet no solo fue un teórico del esoterismo sino también un practicante activo que llevó a cabo rituales y ceremonias en su santuario secreto, cuya naturaleza exacta sigue siendo en gran parte desconocida. Estos ritos, imbuidos de un rico simbolismo, culminaban frecuentemente en ágapes que reflejaban las profundas convicciones espirituales y filosóficas de Fabre. A través de su práctica ceremonial, buscaba establecer una comunicación directa con las realidades espirituales y ejercer una influencia sobre el mundo material, en consonancia con su creencia en la capacidad de la voluntad humana para "subyugar a la Naturaleza".

La Teodosia Universal

En sus últimos años, Fabre d'Olivet intentó sintetizar sus enseñanzas en una nueva forma de francmasonería, plasmada en su obra "La Teodosia universal", de la cual solo se conservan fragmentos. Este sistema, que él denominó el "Celeste Cultivo", se inspiraba tanto en las tradiciones pitagóricas como en los misterios egipcios, y proponía un camino iniciático estructurado en tres grados, simbolizando las etapas del desarrollo espiritual y la búsqueda de la sabiduría. La palabra sagrada para los iniciados era "Hermes", y el silencio, representado por el gesto de poner un dedo sobre la boca, era considerado esencial para la preservación de los misterios sagrados.

Legado

La vida y obra de Fabre d'Olivet han suscitado admiración y especulación, incluso mucho después de su muerte, que algunos creen fue el resultado de fuerzas que no logró controlar en sus prácticas de magia operativa. Su influencia se extendió a figuras tan diversas como Rainer Maria Rilke, André Breton, Stanislas de Guaita y Saint-Yves d'Alveydre, demostrando el alcance y la profundidad de su impacto en el pensamiento esotérico y literario.

Fabre d'Olivet ofreció una visión del camino espiritual como un proceso de purificación y elevación del alma, liberándola de las ataduras materiales para alcanzar una comprensión directa de la verdad divina. Su enfoque en la iluminación a través de la inspiración y la inteligencia refleja una búsqueda universal de liberación y conocimiento, resonando con las enseñanzas místicas tanto de Oriente como de Occidente.

A través de su vida y su obra, Fabre d'Olivet encarnó la búsqueda incesante del conocimiento oculto y la comprensión espiritual, dejando un legado duradero en el campo del esoterismo y más allá.

El legado de Fabre d'Olivet es vasto, abarcando desde sus contribuciones al espiritismo hasta su influencia en el ocultismo moderno. Sus enseñanzas sobre la voluntad, la libertad, y la armonía universal continúan resonando en la actualidad, ofreciendo una visión del mundo que es tanto mística como profundamente filosófica. A través de su vida y obra, Fabre d'Olivet ejemplifica la búsqueda incansable del conocimiento oculto y la comprensión espiritual, marcando un camino para futuras generaciones interesadas en explorar los misterios del universo.

Jacob Frank

Nacido en 1726 en Korolowka, Polonia, en una familia burguesa y respetable, se convirtió en una de las figuras más controvertidas y enigmáticas del judaísmo del siglo XVIII. Su vida y enseñanzas marcaron un desvío radical de la tradición judía ortodoxa en la que fue criado, llevándolo a fundar una secta que mezclaba elementos del judaísmo, el cristianismo y el islam, conocida como los sabetianos.

Fundación de la Secta

Influenciado por los círculos sectarios seguidores de Osman Baba, un judío convertido al islam, Frank viajó a Salónica, Adrianópolis y Esmirna para profundizar en el pensamiento de este líder hereje. A su regreso a Polonia, decidió establecer su propia secta, proclamándose a sí mismo como el Mesías y Dios encarnado. Este audaz movimiento provocó un escándalo, especialmente cuando sus seguidores fueron detenidos por participar en orgías rituales, una práctica que llevó a Frank a huir y convertirse al islam como medida de protección.

Persecución y Conversión

A pesar de las persecuciones y la excomunión por parte de las autoridades rabínicas, Frank y sus seguidores encontraron protección bajo la iglesia católica, gracias a un obispo que veía en ellos practicantes de una religión judeo-cristiana en transición hacia el cristianismo. En 1758, la secta logró un reconocimiento legal significativo, y Frank, en un giro sorprendente, se convirtió al catolicismo, siendo bautizado por el rey de Polonia. Esta conversión marcó el tercer cambio religioso en la vida de Frank, demostrando su extraordinaria capacidad para adaptarse y manipular las identidades religiosas.

Misión de los Sabetianos

La misión de los sabetianos, bajo la dirección de Frank, se orientó hacia objetivos políticos y sociales disruptivos. Desde su prisión, Frank buscó alianzas con agentes rusos, apuntando hacia una sublevación en Polonia que colocaría al país bajo influencia rusa. Su visión nihilista aspiraba a una subversión generalizada que culminaría en un caos del cual emergería una nueva luz mesiánica.

Legado y Muerte

Jacob Frank murió en 1791 en un castillo cerca de Frankfurt, dejando tras de sí un legado de controversia y cambio. Su muerte coincidió con el estallido de la Revolución Francesa, un evento que vio con satisfacción, considerándolo afín a sus ideales de subversión y transformación social. Aunque sus seguidores jugaron algún papel durante la era bonapartista, la influencia directa de la secta no perduró hasta el siglo XX.

La vida de Jacob Frank es un testimonio de la complejidad de las identidades religiosas y la búsqueda de significado espiritual en una época de profundos cambios sociales y políticos. Su historia plantea interrogantes sobre la naturaleza del mesianismo, la herejía y la capacidad de las creencias religiosas para transformar y ser transformadas por el contexto histórico en el que surgen.

Georges Ivanovich Gurdjieff

Una figura enigmática y central en el esoterismo del siglo XX, nació en la localidad de Alexandropol (o Gumri, según la denominación turca), en una familia con raíces griegas y armenias. La vida temprana de Gurdjieff estuvo marcada por la adversidad, especialmente después de que una peste diezmara los rebaños de su familia, fuente principal de sus ingresos, lo que los obligó a emigrar a Kars. Este traslado y los cambios subsiguientes en su entorno tuvieron un impacto significativo en el joven Gurdjieff, cuyo padre, un rapsoda, le introdujo a las narrativas de la antigua epopeya sumeria de Gilgamesh, un relato que más tarde encontraría confirmado en las tablillas sumerias descubiertas por arqueólogos.

Desde joven, Gurdjieff mostró un profundo interés por lo misterioso y lo esotérico, participando en sesiones de espiritismo y experimentando fenómenos paranormales que contribuyeron a forjar su camino hacia el trabajo esotérico. Este período de su vida estuvo también influenciado por la figura del pope Borsch, quien lo animó a estudiar ciencias y medicina, a pesar de que inicialmente estaba destinado a la vida religiosa.

La juventud de Gurdjieff estuvo, por tanto, inmersa en un rico tapiz de influencias culturales, espirituales y místicas, que sentaron las bases para su posterior desarrollo como maestro esotérico. Su búsqueda de conocimiento lo llevó más allá de lo convencional, explorando las profundidades de lo oculto y lo espiritual, y eventualmente formulando un sistema de enseñanzas que buscaba despertar en sus seguidores una comprensión más profunda de sí mismos y del universo.

Los primeros viajes e iniciaciones de Georges Ivanovich Gurdjieff marcan el comienzo de una búsqueda espiritual y esotérica que definiría el resto de su vida. Tras abandonar un monasterio, Gurdjieff, junto a su compañero Sarkis Pogossian, se embarcó en una aventura hacia el desconocido con la esperanza de encontrar a la Hermandad de los Sarmoung, una secta secreta cuya existencia había sido objeto de grandes elogios. Aunque esta expedición no culminó en el encuentro deseado, marcó el inicio de una serie de viajes que llevarían a Gurdjieff a Egipto y más allá, enriqueciendo su comprensión del esoterismo y la espiritualidad.

Gurdjieff en el Mundo

La vida de Gurdjieff estuvo caracterizada por una constante exploración y un deseo de profundizar en las ciencias herméticas. Afirmaciones como haber sido preceptor del Dalai Lama, aunque cuestionables, reflejan la magnitud de sus viajes y la amplitud de sus estudios. Gurdjieff se sumergió en la magia ritual de los chamanes en Bakú, un conocimiento que más tarde integraría en su enseñanza, demostrando su compromiso con la práctica espiritual tanto como con la teoría.

Paralelamente a su trabajo interior y espiritual, Gurdjieff se involucró en diversas actividades comerciales, desde dirigir un taller de reparaciones hasta emprender en negocios que iban desde tiendas y restaurantes hasta explotaciones agrícolas y petrolíferas. Esta faceta de su vida ha llevado a algunos a cuestionar la autenticidad de su compromiso espiritual, sugiriendo un elemento de charlatanería. Sin embargo, para Gurdjieff, la liberación de las necesidades económicas era esencial para la realización de sus proyectos espirituales, una visión que refleja su enfoque pragmático hacia la búsqueda espiritual.

La elección de Moscú como destino para llevar a cabo su "tarea sagrada" permanece envuelta en misterio, al igual que muchos aspectos de la vida de Gurdjieff. A pesar de las especulaciones sobre sus conexiones con la élite rusa, incluido el zar, lo cierto es que Gurdjieff logró establecer relaciones significativas en la capital, lo que le permitió, entre otras cosas, casarse con la condesa Ostrowska.

Inicio de la enseñanza

Georges Ivanovich Gurdjieff, tras sus extensos viajes y profundas experiencias espirituales en Asia, comenzó a compartir su conocimiento a través de conferencias en Moscú y San Petersburgo. Estas conferencias no solo le proporcionaron ingresos sino también un grupo de seguidores leales, entre ellos figuras notables como el matemático P. D. Ouspensky. Con la intención de formalizar su enseñanza, Gurdjieff adquirió una hacienda cerca de Moscú para establecer su "Instituto para el Desarrollo Armónico del Hombre". Sin embargo, la Primera Guerra Mundial interrumpió estos planes, aunque logró consolidar un núcleo importante de alumnos.

Traslado al Cáucaso y Essentuki

Ante el deterioro de la situación social y política en Rusia zarista, Gurdjieff se trasladó al Cáucaso, donde en 1917 estableció su Instituto en Essentuki. A este lugar acudieron seguidores de Moscú, incluidos Ouspensky y el matrimonio Hartmann. La guerra civil rusa y el caos subsiguiente afectaron profundamente la operación del Instituto, llevando a Gurdjieff a describir este período como uno de gran tensión nerviosa, durante el cual tuvo que asegurar la supervivencia de un centenar de personas que dependían de él.

Reubicación y Expansión Internacional

Con la consolidación del régimen comunista en Rusia, que no armonizaba con las visiones de Gurdjieff, decidió trasladarse primero a Berlín y luego a Dresden, desde donde viajó a Londres para formar nuevos grupos de alumnos. Finalmente, eligió Francia como su base, considerando a París el lugar ideal para la difusión de sus ideas, dada su posición como "capital del mundo" y su estabilidad política y económica.

Establecimiento en Francia

En Francia, Gurdjieff encontró el entorno propicio para continuar y expandir su trabajo. París, con su rica diversidad cultural y su apertura a nuevas ideas, ofreció a Gurdjieff una plataforma sin precedentes para la enseñanza de sus principios esotéricos y el desarrollo de su Instituto. Este período marcó una nueva fase en su misión, permitiéndole alcanzar a un público más amplio y diverso, y solidificar su legado como uno de los maestros espirituales más influyentes del siglo XX.

La vida y enseñanzas de Gurdjieff, marcadas por constantes desplazamientos y adaptaciones a los cambios geopolíticos de su tiempo, reflejan su compromiso inquebrantable con la búsqueda de la verdad y el desarrollo espiritual del ser humano. Su influencia se extiende más allá de las fronteras y las épocas, resonando aún hoy con aquellos que buscan un camino hacia el despertar y la transformación interior.

Francia, Fontainebleau

En París, Georges Ivanovich Gurdjieff estableció el Priorato de Avon, una hermosa mansión en Fontainebleau rodeada de vastos jardines y bosques, que se convirtió en el epicentro de las actividades de su Instituto para el Desarrollo Armónico del Hombre. Este lugar idílico fue el escenario donde Gurdjieff implementó prácticas y enseñanzas que buscaban el despertar espiritual y el desarrollo integral de sus seguidores.

Las Danzas Sagradas

Una de las prácticas centrales en el Priorato eran las danzas sagradas o movimientos, que Gurdjieff afirmaba haber observado en un monasterio de los Samiounis en el Turquestán. Estas danzas, caracterizadas por su precisión y exactitud, no solo impresionaban a los espectadores por su belleza y complejidad, sino que también servían como una herramienta poderosa para el trabajo interior, ayudando a los discípulos a alcanzar un mayor control y conciencia de su cuerpo y mente. La reacción de William Seabrook, tras presenciar una de estas representaciones, subraya la profunda impresión que causaban estas prácticas en quienes las observaban, destacando la extraordinaria coordinación y disciplina de los participantes.

Vida en el Priorato

La vida en el Priorato de Avon no se limitaba a la práctica de las danzas sagradas. Los discípulos también se dedicaban a la meditación, ejercicios gimnásticos, y prácticas de concentración sumamente desafiantes. Además, se esperaba que contribuyeran al mantenimiento de la granja del Priorato, trabajando con camellos, vacas, y caballos. Este régimen riguroso, que combinaba el trabajo físico con el desarrollo espiritual, refleja la filosofía de Gurdjieff de que el crecimiento personal requiere esfuerzo y disciplina.

Objetivo de Gurdjieff

La exigencia y la intensidad de las actividades en el Priorato llevaban a los discípulos a un estado de agotamiento al final del día, lo que plantea la pregunta sobre el propósito de Gurdjieff al someter a sus alumnos a un trabajo tan arduo. Para Gurdjieff, estas prácticas no eran un fin en sí mismas, sino medios para alcanzar un objetivo más elevado: la transformación interior y el despertar de una conciencia superior. A través de este enfoque integral, que desafiaba los límites físicos y mentales, Gurdjieff buscaba liberar a sus seguidores de las automatismos y despertar en ellos capacidades latentes, llevándolos hacia una comprensión más profunda de sí mismos y del universo.

El Priorato de Avon se convirtió así en un laboratorio viviente para la experimentación y aplicación de las enseñanzas de Gurdjieff, marcando un capítulo crucial en la difusión de su sistema espiritual y en la vida de aquellos que se comprometieron con su visión transformadora del desarrollo humano.

Las enseñanzas de Georges Ivanovich Gurdjieff se centran en el despertar de la conciencia humana, atrapada en la mecanicidad y la somnolencia. Su metodología, que incluye la "técnica del sobresfuerzo", busca empujar a los individuos más allá de sus límites habituales, tanto físicos como mentales, para alcanzar un estado de conciencia superior. Este sobresfuerzo no es solo un desafío físico, sino también una herramienta para trascender la automatización de la mente y las respuestas condicionadas por el entorno.

Conciencia y Autoconocimiento

Para Gurdjieff, la mayoría de las personas viven en un estado de sueño, creyendo erróneamente que están despiertas simplemente porque pueden realizar actividades cotidianas. Sin embargo, estas acciones son, en su opinión, meramente reactivas, similares a las de un robot. El verdadero despertar implica darse cuenta de esta prisión mental y comenzar el trabajo hacia el auto-conocimiento y la autenticidad. Este proceso de autoindagación es esencial para establecer una conexión con el yo real, una entidad que trasciende la meditación, el misticismo y la disciplina física, y que requiere técnicas específicas para su pleno desarrollo.

Visión del Universo

Gurdjieff presentó una cosmovisión en la que el universo es entendido como un organismo vivo compuesto por siete niveles, siendo la inteligencia suprema el más elevado. Estos niveles forman una cadena por la cual la energía se transmite y transforma al pasar de un plano a otro. Importante destacar que estos niveles representan planos de la realidad espiritual más que dimensiones físicas, sugiriendo una estructura del universo que es tanto jerárquica como interconectada.

Legado de Gurdjieff

Gurdjieff fue una figura desmesurada en todas sus manifestaciones vitales, y su enseñanza refleja esta intensidad. A través de sus métodos, buscaba no solo el desarrollo espiritual de sus seguidores, sino también una comprensión más profunda de la estructura del universo y el lugar del ser humano dentro de él. Su legado, que incluye una rica tradición de prácticas espirituales y filosóficas, continúa influyendo en buscadores de verdad en todo el mundo, ofreciendo un camino hacia la transformación personal y el despertar de una conciencia más elevada.

Las enseñanzas de Gurdjieff, con su énfasis en el autoconocimiento, el esfuerzo consciente y una visión holística del cosmos, ofrecen una perspectiva única sobre la espiritualidad y el desarrollo humano, desafiando a las personas a explorar las profundidades de su ser y a reconocer su potencial para el crecimiento y la transformación.

El cuarto camino

El Cuarto Camino es un concepto central en las enseñanzas

de Georges Ivanovich Gurdjieff, un místico y maestro espiritual ruso cuya influencia en el esoterismo del siglo XX es considerable. Este camino representa una ruta hacia el desarrollo espiritual y el despertar que, según Gurdjieff, difiere de los tres caminos tradicionales ofrecidos por las religiones y prácticas espirituales históricas: el camino del faquir, el camino del monje y el camino del yogui.

Los Tres Caminos Tradicionales

1. El Camino del Faquir se centra en el dominio y la disciplina del cuerpo físico a través de prácticas ascéticas y duras penitencias.

2. El Camino del Monje enfatiza el desarrollo emocional y la devoción, buscando la conexión espiritual a través del corazón y los sentimientos.

3. El Camino del Yogui se dedica al desarrollo intelectual y la meditación, enfocándose en la mente y su capacidad para percibir y comprender la realidad espiritual.

El Cuarto Camino: Una Síntesis

El Cuarto Camino propuesto por Gurdjieff se distingue de los otros tres en que busca trabajar de manera equilibrada con el cuerpo, el corazón y la mente simultáneamente. No requiere la retirada del mundo ni la adopción de una vida ascética o monástica. En cambio, permite y alienta a sus practicantes a seguir viviendo en el mundo, enfrentando las tareas y desafíos de la vida cotidiana como parte de su práctica espiritual. Según Gurdjieff, este camino es "el camino del hombre despierto" o "el camino del hombre de la casa", que busca alcanzar un estado de conciencia superior sin abandonar sus responsabilidades y roles sociales.

Características del Cuarto Camino

- Integración: Combina el trabajo sobre el cuerpo, las emociones y la mente en la vida diaria, buscando un desarrollo armónico y equilibrado del ser.

- Conciencia y Presencia: Enfatiza la importancia de la autoobservación, el recuerdo de sí y la conciencia en el momento presente como medios para trascender el estado mecánico de la existencia humana.

- Trabajo en Grupo: Aunque el trabajo interior es profundamente personal, el Cuarto Camino a menudo se practica en grupos, donde los esfuerzos colectivos y el intercambio de experiencias enriquecen el proceso de aprendizaje.

- Enseñanzas Esotéricas: Incorpora enseñanzas y prácticas esotéricas destinadas a acelerar el desarrollo espiritual y el despertar de facultades latentes dentro del individuo.

El Cuarto Camino es, por tanto, un enfoque práctico y directo para aquellos que buscan un camino espiritual activo y consciente, integrando sus búsquedas espirituales con la vida en el mundo moderno. Gurdjieff afirmaba que este camino era más adecuado para la naturaleza compleja y multifacética del ser humano contemporáneo, ofreciendo una vía accesible hacia el crecimiento espiritual sin la necesidad de renunciar al mundo.

El cuarto camino y la masonería

La relación entre el Cuarto Camino, propuesto por Georges Ivanovich Gurdjieff, y la masonería no es directa en términos de prácticas o enseñanzas específicas; sin embargo, existen paralelismos conceptuales y filosóficos que pueden ser de interés para quienes exploran ambas tradiciones en busca de crecimiento espiritual y entendimiento.

Paralelismos Filosóficos y Conceptuales

1. Búsqueda de la Verdad y el Desarrollo Personal: Tanto el Cuarto Camino como la masonería enfatizan la importancia de la búsqueda personal de la verdad, el autoconocimiento y el desarrollo espiritual. Ambos caminos alientan a sus seguidores a trabajar hacia una mayor comprensión de sí mismos y del universo.

2. Simbolismo y Alegoría: La masonería utiliza extensamente símbolos y alegorías para impartir enseñanzas morales y espirituales, una práctica que encuentra eco en el Cuarto Camino, donde los símbolos y las metáforas también juegan un papel importante en la transmisión de conocimientos esotéricos.

3. Transformación Interior: Ambas tradiciones se centran en la transformación interior del individuo. En la masonería, el proceso de pasar por los distintos grados simboliza un viaje de crecimiento personal y espiritual. De manera similar, el Cuarto Camino propone un proceso de desarrollo armónico del ser humano a través de la conciencia y el trabajo sobre sí mismo.

4. Trabajo en Grupo y Fraternidad: Aunque el Cuarto Camino enfatiza la importancia del trabajo interior individual, también reconoce el valor del trabajo en grupo como medio para acelerar el desarrollo personal. Esto se asemeja a la estructura fraterna de la masonería, donde los masones se reúnen en logias para trabajar juntos en su crecimiento moral y espiritual.

Diferencias Clave

A pesar de estos paralelismos, existen diferencias significativas entre el Cuarto Camino y la masonería, especialmente en cuanto a sus orígenes, prácticas específicas y sistemas de creencias. La masonería tiene sus raíces en las antiguas tradiciones de los constructores y se estructura alrededor de rituales y grados iniciáticos, mientras que el Cuarto Camino es una enseñanza esotérica que combina elementos de varias tradiciones espirituales y se enfoca en el despertar de la conciencia sin un sistema formal de grados.

Aunque el Cuarto Camino y la masonería comparten algunos principios filosóficos y conceptuales relacionados con la búsqueda espiritual y el desarrollo personal, representan dos tradiciones distintas con sus propias prácticas y enseñanzas únicas. Sin embargo, ambos pueden ofrecer caminos valiosos para aquellos que buscan profundizar en su comprensión de sí mismos y del mundo espiritual.

Etapa Final

Los últimos años del Priorato de Avon, bajo la dirección de Georges Ivanovich Gurdjieff, estuvieron llenos de desafíos personales y cambios significativos. A pesar de los graves accidentes y las pérdidas personales que sufrió, incluyendo la muerte de su madre y su esposa, Gurdjieff continuó su labor espiritual y pedagógica hasta que, en 1933, tomó la decisión de disolver el Priorato. Esta decisión estuvo motivada, según él, por la falta de desarrollo esperado en sus discípulos y por las dificultades económicas y logísticas que implicaba mantener el Instituto.

Influencia y Visitantes del Priorato

A lo largo de su existencia, el Priorato atrajo a una amplia gama de visitantes y buscadores espirituales, desde renombrados arquitectos como Frank Lloyd Wright hasta físicos, críticos literarios, escritores y filósofos. La diversidad de personas que se sintieron atraídas por el trabajo de Gurdjieff en el Priorato refleja la amplitud y la profundidad de su impacto en el pensamiento y la cultura contemporáneos. La presencia de figuras como Catherine Mansfield, Arthur Koestler y Aldous Huxley, entre otros, subraya la relevancia del Priorato como un centro de desarrollo espiritual y creativo.

Legado y Obras

Tras la liquidación del Instituto, Gurdjieff se enfocó en la escritura y en extender su enseñanza a través de viajes, especialmente a los Estados Unidos, donde había establecido una sólida base de seguidores. Aunque no dejó una extensa obra escrita, sus publicaciones, especialmente "Cuentos de Belcebú a su nieto", "La vida no es real sino cuando 'Yo Soy'" y "Mis encuentros con hombres notables", ofrecen una visión compleja y profunda de su sistema de pensamiento. Estas obras, caracterizadas por su estilo enigmático, continúan desafiando y enriqueciendo a los lectores interesados en el esoterismo y el desarrollo personal.

Evaluación del Priorato

El Priorato de Avon ha sido objeto de opiniones divergentes, reflejando la complejidad y la controversia que rodearon a Gurdjieff y su enseñanza. Para algunos, representaba un espacio único para el crecimiento y la exploración de las potencialidades humanas; para otros, era visto críticamente como un lugar de dominación sobre sus seguidores. Esta dualidad de percepciones subraya la naturaleza polémica pero indudablemente influyente de Gurdjieff en el campo del desarrollo espiritual.

El legado de Gurdjieff, marcado tanto por su innovador enfoque pedagógico como por su compleja personalidad, sigue siendo un punto de referencia crucial para aquellos interesados en las dimensiones más profundas del ser humano y en la búsqueda de un despertar de la conciencia.

La vida de Gurdjieff es un testimonio de la intersección entre la búsqueda espiritual profunda y la necesidad de navegar por el mundo material. A través de sus viajes, enseñanzas y actividades empresariales, Gurdjieff buscó comprender y enseñar cómo vivir conscientemente, liberándose de las ataduras materiales para alcanzar un mayor entendimiento espiritual y psicológico. Su legado, marcado por la creación de un sistema de desarrollo espiritual que continúa influenciando a buscadores en todo el mundo, destaca la complejidad de su figura como maestro esotérico y como hombre.

Max Heindel

Nacido en Dinamarca en 1865, es una figura destacada en el esoterismo y el ocultismo del siglo XX, conocido principalmente por su papel en la difusión de las enseñanzas rosacrucianas en Estados Unidos y por ser el fundador de la Fraternidad Rosacruz. Su vida, marcada por dificultades y una búsqueda espiritual intensa, lo llevó desde una infancia de privaciones en Europa hasta convertirse en un influyente maestro espiritual en América.

Encuentros con los Hermanos Mayores

Heindel afirmaba haber experimentado bilocaciones y haber entrado en contacto con los Hermanos Mayores o Superiores Desconocidos, seres espirituales que custodian los secretos y poderes rosacrucianos. Según él, estos iniciados le encomendaron la tarea de continuar el legado de Christian Rosenkreutz, el místico legendario asociado con la fundación de la Orden Rosacruz.

Traslado a Estados Unidos y Fundación de Mount Ecclesia

Las adversidades en Europa llevaron a Heindel a emigrar a Estados Unidos, donde sobrevivió publicando artículos y dando conferencias. A pesar de un comienzo difícil, incluyendo la pérdida de su hogar durante el terremoto de San Francisco de 1906, su fortuna cambió en 1908 cuando comenzó a reunir un grupo de seguidores. Con su apoyo, adquirió una propiedad en Oceanside, California, que se convirtió en Mount Ecclesia, el centro de su movimiento religioso y espiritual.

Fundación de los Rosacruces

Después de un viaje a Europa y un encuentro decepcionante con Rudolf Steiner en Berlín, Heindel afirmó haber sido contactado por un enviado de la Orden Rosacruz, quien le proporcionó instrucciones espirituales bajo la condición de mantenerlas en secreto. Desafiando esta condición, Heindel decidió compartir abiertamente estas enseñanzas, convencido de su deber de difundirlas por el bien de la humanidad. Este acto de desobediencia fue, según él, una prueba de su falta de egoísmo, lo que lo llevó a ser elegido como Gran Instructor de su época.

Enseñanzas y Actividades en Mount Ecclesia

En Mount Ecclesia, Heindel estableció una escuela de filosofía y una de curanderos místicos, integrando la astrología, la anatomía y el arte de convencer en sus cursos. Su interés por la astrología, en particular, jugó un papel importante en sus enseñanzas, combinando conocimientos astrológicos con principios rosacrucianos.

La contribución de Max Heindel al esoterismo moderno y su esfuerzo por hacer accesibles las enseñanzas rosacrucianas han dejado una huella duradera. A través de su trabajo, la Fraternidad Rosacruz se estableció firmemente en el panorama espiritual de Occidente, ofreciendo un camino de desarrollo espiritual que continúa atrayendo a buscadores en la actualidad.

La Escuela Rosacruz fundada por Max Heindel presentaba un sistema jerárquico y de iniciación detalladamente estructurado, reflejando su profundo compromiso con las enseñanzas esotéricas y su deseo de transmitir estos conocimientos de manera sistemática y ordenada. La organización de los grados de iniciación según ciclos astrológicos y días específicos de la semana es un ejemplo de cómo Heindel buscaba integrar diversos elementos del esoterismo, la astrología y la tradición rosacruciana en un marco coherente y significativo.

Grados de Iniciación

Los nueve grados de la orden rosacruciana, según Heindel, estaban alineados con ciclos astrológicos y celestiales, desde el período de Saturno hasta los solsticios, marcando un camino de desarrollo espiritual y de conocimiento que se extendía a lo largo de la vida del practicante. Esta estructura no solo refleja la importancia de la astrología en las enseñanzas de Heindel sino también su visión de la iniciación como un proceso profundamente interior y transformador, más allá de cualquier ceremonia externa.

Crítica al Espiritismo

A pesar de la popularidad del espiritismo en América durante su tiempo, Heindel mostró una clara antipatía hacia esta práctica, diferenciando firmemente su enfoque esotérico y ocultista, que enfatizaba la clarividencia y la conexión con los Hermanos Mayores o Superiores Desconocidos, así como con seres elementales considerados "agentes evolucionados de la Naturaleza".

Continuación y Expansión de la Orden

Tras la muerte de Heindel en 1919, su esposa, Augusta Foss Heindel, tomó las riendas de la Fraternidad Rosacruz, expandiéndola a una escala internacional a través de un sistema de enseñanza por correspondencia. Esta expansión permitió que las enseñanzas de Heindel alcanzaran a un público más amplio, consolidando la Fraternidad Rosacruz como una influencia significativa en el esoterismo occidental.

Categorías de Miembros

La división de los miembros de la orden en estudiantes regulares, candidatos y discípulos refleja un camino progresivo de estudio y práctica, donde cada etapa prepara al individuo para niveles más profundos de enseñanza y comprensión espiritual.

Evaluación Crítica

Aunque las propuestas de Max Heindel y su visión humanista y fraterna ofrecen contribuciones valiosas, especialmente en términos de promover la unidad entre las razas y una perspectiva humanista, su enseñanza también invita a una evaluación crítica, especialmente en lo que respecta a la noción de ser "enviados del Cielo". Este aspecto de su doctrina subraya la importancia de abordar sus enseñanzas con discernimiento, reconociendo tanto su potencial para inspirar el crecimiento espiritual como la necesidad de cautela ante afirmaciones que podrían considerarse dogmáticas o excluyentes.

La Fraternidad Rosacruz de Max Heindel sigue siendo un componente importante del paisaje esotérico moderno, ofreciendo un camino de estudio y práctica espiritual que continúa resonando con muchos buscadores en la actualidad.

Enseñanzas rosacruces

Las enseñanzas rosacruces abarcan una amplia gama de temas espirituales, filosóficos y científicos, integrando conocimientos antiguos y modernos en un marco coherente destinado al desarrollo espiritual y personal del individuo. Aunque existen diferentes ramas y movimientos dentro del rosacrucismo, con variaciones en sus enseñanzas específicas, se pueden identificar varios principios y temas centrales comunes a la mayoría de las tradiciones rosacruces:

1. La Universalidad de las Leyes Cósmicas

Las enseñanzas rosacruces enfatizan la existencia de leyes universales que gobiernan el cosmos y la vida humana, incluyendo principios como la ley de causa y efecto (karma) y la ley de correspondencia, que establece que lo que está arriba es como lo que está abajo, reflejando la interconexión entre el universo (macrocosmos) y el ser humano (microcosmos).

2. El Desarrollo Espiritual y la Evolución del Alma

El rosacrucismo ve la vida como un proceso de evolución espiritual, donde cada individuo tiene el potencial de desarrollarse hacia estados superiores de conciencia. Este desarrollo espiritual implica la transmutación de las energías inferiores en virtudes superiores y la realización del verdadero ser o esencia divina dentro de cada persona.

3. La Importancia del Autoconocimiento

El conocimiento de uno mismo es fundamental en las enseñanzas rosacruces. Se alienta a los practicantes a emprender un viaje de introspección y autoobservación para comprender sus propias naturalezas, superar las limitaciones personales y despertar capacidades espirituales latentes.

4. La Práctica de la Alquimia Espiritual

Aunque tradicionalmente asociada con la transmutación de metales base en oro, en el rosacrucismo, la alquimia es entendida principalmente en términos espirituales como el proceso de transformación interior y purificación del ser.

5. La Salud y la Sanación

Las enseñanzas rosacruces abordan la salud desde una perspectiva holística, considerando el bienestar físico, emocional, mental y espiritual. Se enfatiza la importancia de prácticas y técnicas de sanación que equilibran y armonizan estos diferentes aspectos del ser.

6. La Reencarnación y la Ley del Karma

El rosacrucismo enseña la reencarnación como un proceso evolutivo a través del cual el alma experimenta múltiples vidas para aprender y crecer espiritualmente. La ley del karma, o causa y efecto, juega un papel crucial en este proceso, determinando las circunstancias de las vidas sucesivas basadas en las acciones pasadas.

7. La Fraternidad Universal

El ideal de fraternidad universal es central en el rosacrucismo, promoviendo la unidad y la cooperación entre todos los seres humanos, independientemente de su raza, género, religión o estatus social, en la búsqueda común de la verdad y el desarrollo espiritual.

Estos principios reflejan el rico tapiz de las enseñanzas rosacruces, que buscan no solo el crecimiento espiritual del individuo sino también el mejoramiento de la sociedad y el mundo en su conjunto. A través de la práctica de estos principios, los rosacruces aspiran a vivir vidas más conscientes y armoniosas, contribuyendo positivamente a la evolución de la humanidad.

Carl Gustav Jung

Uno de los pilares fundamentales de la psicología del siglo XX, tuvo una infancia y juventud marcadas por experiencias que profundizaron su interés por lo psíquico y lo espiritual. Nacido en Keswill, Suiza (1875-1961), Jung creció en un entorno familiar complejo, donde desde temprana edad mostró una sensibilidad particular hacia los fenómenos psíquicos y espirituales. Esta sensibilidad se vio intensificada por una experiencia traumática a los doce años, que Jung interpretaría más tarde como un proceso neurótico, pero que también fortaleció su voluntad y determinación.

Educación y Primeras Experiencias Paranormales

Durante sus estudios de medicina en la Universidad de Basilea, Jung experimentó y observó fenómenos que él consideraba paranormales, lo que alimentó su curiosidad por los aspectos más misteriosos de la psique humana. Estas experiencias fueron fundamentales para su tesis doctoral sobre la psicología y patología de lo que él denominó fenómenos ocultos, marcando el inicio de su interés profesional por la psicología de lo inconsciente.

Cambio hacia la Psiquiatría

Inicialmente reacio a la psiquiatría, la lectura del Manual de psiquiatría de Kraft-Ebing fue decisiva para cambiar la trayectoria profesional de Jung, llevándolo a dedicarse a la psiquiatría. Este cambio de dirección lo llevó a Zurich, donde trabajó en el hospital psiquiátrico Burghölzli bajo la dirección de Eugen Bleuler, una figura influyente en el campo de la psiquiatría y conocido por su trabajo sobre la esquizofrenia.

Inicios de su Carrera Psiquiátrica

En Burghölzli, Jung se sumergió en el estudio de la psiquiatría, trabajando estrechamente con pacientes y comenzando a formular sus ideas sobre la psique humana. La influencia de Bleuler, tanto en lo profesional como en lo personal, fue significativa para Jung, proporcionándole un entorno estimulante para el desarrollo de sus teorías.

La trayectoria de Jung desde su infancia hasta sus primeros años como médico y psiquiatra revela un camino marcado por la búsqueda de comprensión de los aspectos más profundos y a menudo inexplicables de la experiencia humana. Esta búsqueda lo llevaría eventualmente a desarrollar conceptos fundamentales de la psicología analítica, como el inconsciente colectivo, los arquetipos y el proceso de individuación, que han tenido un impacto duradero en la psicología, la cultura y el pensamiento espiritual contemporáneos.

La relación entre Carl Gustav Jung y Sigmund Freud es uno de los capítulos más fascinantes y complejos en la historia de la psicología. Inicialmente, Jung vio en Freud no solo a un mentor sino también a una figura cuyas ideas revolucionarias sobre el inconsciente prometían abrir nuevos caminos en el entendimiento de la psique humana. Sin embargo, a medida que Jung profundizaba en su propia investigación y reflexión, comenzó a vislumbrar diferencias fundamentales en sus enfoques teóricos y metodológicos.

Encuentro y Colaboración Inicial con Freud

El primer encuentro entre Jung y Freud en 1907 marcó el inicio de una intensa colaboración y amistad. Durante esta reunión, que duró trece horas, ambos compartieron y discutieron sus ideas, estableciendo las bases para una relación de trabajo que sería crucial para el desarrollo de la psicología analítica. Jung defendió a Freud y su teoría psicoanalítica, incluso a riesgo de su propio prestigio académico, mostrando su compromiso inicial con las ideas freudianas.

Divergencias Teóricas

A pesar de su admiración inicial por Freud, Jung comenzó a experimentar dudas, especialmente en lo que respecta a la teoría sexual de Freud y su concepto de la libido. Jung encontraba limitante la insistencia de Freud en interpretar casi todos los aspectos de la psique humana a través del prisma de la sexualidad. Además, la intransigencia de Freud respecto a su teoría de la libido durante su viaje a Estados Unidos en 1909, junto con episodios que revelaban la fragilidad psicológica de Freud, contribuyeron a aumentar la distancia entre ambos.

Ruptura Definitiva

La relación entre Jung y Freud se deterioró aún más cuando Freud insistió en que la teoría sexual debía convertirse en un dogma, un "bastión inexpugnable" contra el ocultismo, según sus propias palabras. Esta demanda de dogmatismo, junto con la respuesta de Freud a la pregunta de Jung sobre contra qué debían protegerse ("Contra la negra avalancha del ocultismo"), marcó un punto de no retorno en su relación. Jung, quien ya estaba desarrollando su teoría del inconsciente colectivo, encontró en la respuesta de Freud una confirmación de sus propias dudas y comenzó a alejarse definitivamente de las enseñanzas freudianas.

Desarrollo del Inconsciente Colectivo

La teoría del inconsciente colectivo de Jung, con su énfasis en los símbolos religiosos y la herencia instintiva común a toda la humanidad, representó una desviación radical de la visión freudiana, que veía la religión principalmente en términos biológicos. Este enfoque más amplio permitió a Jung explorar áreas de la psique que un psiquiatra convencional podría haber ignorado, estableciendo las bases para su contribución única a la psicología.

La ruptura entre Jung y Freud no solo significó la separación de dos de las mentes más influyentes en psicología sino también el nacimiento de la psicología analítica como una disciplina distinta, con sus propios métodos y teorías que continúan influyendo en el estudio de la mente y el comportamiento humano hasta el día de hoy.

Yoga, el I Ching y la alquimia

Carl Gustav Jung, a lo largo de su vida, exploró profundamente la psique humana, trascendiendo los límites de la ciencia psicológica convencional para adentrarse en el estudio de prácticas espirituales y tradiciones antiguas. Su interés por el yoga, el I Ching y la alquimia refleja su búsqueda incansable por comprender la naturaleza humana desde una perspectiva holística y simbólica.

Jung y el Yoga

En 1913, Jung experimentó premoniciones del inminente cataclismo de la Primera Guerra Mundial, lo que le llevó a una crisis interior profunda. Durante este período de inquietud, comenzó a practicar yoga, una elección inusual para un científico de su tiempo. El yoga le ofreció un método para explorar y tranquilizar su mente, contribuyendo a su proceso de autoanálisis y al desarrollo de sus teorías sobre el inconsciente.

Encuentro con Filemón

Durante su crisis, Jung concibió la figura de Filemón, un personaje simbólico que representaba una fuerza independiente dentro de su psique. Las conversaciones imaginarias con Filemón ayudaron a Jung a conceptualizar la idea de que los pensamientos y las ideas tienen vida propia, una noción que reforzó su comprensión de la objetividad psíquica y la realidad del alma. Este encuentro imaginario fue crucial para el desarrollo de la teoría del inconsciente colectivo y su contenido mitológico.

Jung y la Alquimia

La fascinación de Jung por la alquimia se intensificó en la década de 1920, especialmente después de recibir un antiguo texto de alquimia china de un amigo. Este interés marcó un giro en su carrera, alejándolo de los convencionalismos científicos y llevándolo a dedicar años de estudio a la alquimia. En su obra "Psicología y Alquimia", Jung argumenta que las experiencias de los alquimistas resonaban profundamente con sus propias experiencias y que la alquimia, en esencia, era un proceso psicológico. Esta interpretación de la alquimia como un simbolismo del proceso de individuación y transformación psicológica fue revolucionaria, aunque controvertida entre sus contemporáneos.

La exploración de Jung de estas áreas "herméticas" no solo enriqueció su comprensión de la psique sino que también amplió el campo de la psicología analítica, introduciendo conceptos como la sincronicidad y profundizando en el estudio de los símbolos y arquetipos. A través de su trabajo, Jung estableció un puente entre la psicología y la espiritualidad, mostrando cómo las tradiciones antiguas y las prácticas espirituales pueden ofrecer una comprensión valiosa de la mente y el alma humanas.

Carl Gustav Jung, a lo largo de su vida, exploró profundamente los confines de la psique humana, trascendiendo los límites de la psicología convencional para adentrarse en el estudio de fenómenos paranormales, prácticas espirituales antiguas y tradiciones místicas, incluyendo una profunda influencia gnóstica en su trabajo.

Influencias Gnósticas

La obra "Siete sermones a los muertos", escrita por Jung en 1916, refleja su interés por el gnosticismo y su deseo de conectar con las tradiciones espirituales antiguas. Este texto, que emula el estilo de los escritos gnósticos, revela una faceta de Jung como un hombre con una misión más allá de su identidad como científico, mostrando su compromiso con la exploración de las dimensiones espirituales y místicas de la existencia.

Exploración del I Ching

Jung también se sintió atraído por el I Ching, el antiguo libro de adivinación chino, sobre el cual escribió un importante prólogo en una de sus traducciones. Su experimentación con el I Ching refleja su interés por entender los procesos del inconsciente y la sincronicidad, conceptos que jugaron un papel central en su teoría psicológica.

Experiencias de Cercanía a la Muerte

Las ensoñaciones que Jung experimentó durante sus enfermedades y accidentes en 1944, en las que se veía a sí mismo fuera de la Tierra contemplando el planeta en un estado de bienaventuranza, profundizaron su comprensión de la psique y reafirmaron su creencia en la realidad de los fenómenos paranormales y las experiencias transpersonales.

Interés por los Fenómenos Modernos

Jung mantuvo un interés constante por los fenómenos de su tiempo que desafiaban explicaciones convencionales, como se evidencia en su obra "Los platillos volantes: un mito moderno sobre cosas que se ven en el cielo", donde interpreta el fenómeno ovni como proyecciones del inconsciente colectivo.

Obras sobre Alquimia

La alquimia ocupó un lugar central en el trabajo de Jung, especialmente en sus últimos años. Consideraba esta tradición hermética como una rica fuente de símbolos y procesos que reflejaban el desarrollo interior del ser humano. Sus obras sobre alquimia, como "Psicología y Alquimia", ofrecen una interpretación psicológica de la Gran Obra alquímica, vinculándola con el proceso de individuación y la transformación psicológica.

Autobiografía

En su autobiografía, "Recuerdos, sueños y pensamientos", Jung resume su vida y obra como "la historia de la autorrealización de lo inconsciente", destacando su viaje personal hacia la comprensión de las profundidades del alma humana y su contribución única a la psicología.

La vida y obra de Carl Gustav Jung representan un puente entre la ciencia psicológica y las tradiciones espirituales, ofreciendo una visión comprensiva de la psique humana que sigue influyendo en la psicología, la espiritualidad y las artes.

Alan Kardec

Nacido como Hippolyte Léon Denizard Rivail, es una figura central en la historia del espiritismo, un movimiento que fundó y que tuvo un impacto significativo tanto en su época como en posteriores generaciones. Su transición de educador y estudioso del magnetismo a líder espiritista se vio marcada por una serie de experiencias y convicciones profundas sobre la naturaleza de la realidad y la existencia del alma después de la muerte.

Transición hacia el Espiritismo

Kardec se interesó en el espiritismo tras ser encargado por amigos, incluido el dramaturgo Victorien Sardou, de organizar documentos sobre fenómenos paranormales y mediúmnicos. Su experiencia en una sesión espiritista, donde una médium le reveló su supuesta vida pasada como druida llamado Alían Kardec y le aseguró que sería guiado por los espíritus para aportar una doctrina salvadora a la humanidad, fue decisiva en su camino hacia el espiritismo.

El Libro de los Espíritus

En 1857, Kardec publicó "El Libro de los Espíritus", considerado la piedra angular del espiritismo. Este libro, que experimentó un éxito notable desde su publicación, establece los principios fundamentales del espiritismo, incluyendo la creencia en la existencia real de los espíritus y su influencia en el mundo material. La acogida de la obra convenció a Kardec de su misión en la vida, dedicándose completamente a la difusión de sus enseñanzas.

El Libro de los Médiums

Publicado por primera vez en 1861 por Allan Kardec, es una de las obras fundamentales del espiritismo. Este libro sirve como una guía práctica y teórica para el entendimiento y la práctica del espiritismo, específicamente enfocado en la mediunidad y la comunicación con los espíritus. Kardec lo concibió como una continuación de "El Libro de los Espíritus" (1857), profundizando en los aspectos prácticos y experimentales del espiritismo que no se habían tratado exhaustivamente en la obra anterior.

Contenido y Estructura

"El Libro de los Médiums" está estructurado en dos partes principales:

1. Parte Teórica: En esta sección, Kardec explora los fundamentos teóricos del fenómeno mediúmnico. Aborda temas como la naturaleza de los espíritus, los diferentes tipos de mediunidad, y los mecanismos a través de los cuales los espíritus se comunican con los vivos. También discute los desafíos y peligros potenciales que pueden surgir en la práctica del espiritismo, como el engaño por parte de espíritus burlones o malintencionados.

2. Parte Práctica: Aquí, Kardec ofrece una guía detallada sobre cómo conducir sesiones espiritistas, incluyendo consejos sobre la preparación de sesiones, la interpretación de mensajes espirituales, y la conducta ética que deben mantener los médiums y participantes. También clasifica los diferentes tipos de mediunidad (como la psicografía, la psicofonía, la videncia, entre otros) y ofrece consejos sobre cómo desarrollar las habilidades mediúmnicas de manera segura y efectiva.

Objetivos y Enseñanzas Clave

El libro busca educar tanto a médiums como a investigadores espiritistas sobre cómo interactuar con el mundo espiritual de manera responsable y provechosa. Kardec enfatiza la importancia de la moralidad, el estudio serio, y la buena intención en la práctica del espiritismo. Advierte contra el fraude, la obsesión y la posesión, y subraya la necesidad de discernimiento y protección espiritual.

Impacto y Legado

"El Libro de los Médiums" ha tenido un impacto significativo en el desarrollo del espiritismo y sigue siendo una referencia esencial para los estudiosos y practicantes del espiritismo en todo el mundo. La obra no solo contribuyó a sistematizar la práctica mediúmnica sino que también ayudó a legitimar el espiritismo como un campo de estudio serio y una práctica religiosa. Su enfoque racional y metódico hacia los fenómenos espirituales ha atraído a seguidores de diversas partes del mundo, consolidando la reputación de Allan Kardec como el codificador del espiritismo.

Fundación de la Sociedad Parisiense de Estudios Espiritistas

Motivado por el éxito de sus obras, Kardec fundó "Le Revue Spirite", un periódico dedicado al espiritismo que continúa publicándose, y la Sociedad Parisiense de Estudios Espiritistas, consolidando así el movimiento espiritista y proporcionando un foro para el estudio y la discusión de temas espirituales.

Doctrina Espiritista

La doctrina espiritista de Kardec aborda temas como la muerte, el alma, y la existencia de una envoltura semimaterial llamada periespíritu, que sirve como vínculo entre el espíritu y la materia. Según Kardec, este periespíritu explica fenómenos como las apariciones y los contactos espirituales, ofreciendo una visión del más allá que combina elementos científicos, filosóficos y religiosos.

Legado

A pesar de que el interés por el espiritismo ha fluctuado a lo largo de los años, la influencia de Kardec y sus enseñanzas continúa siendo significativa, con millones de seguidores en todo el mundo. Su enfoque en la lógica y la racionalidad aplicada a cuestiones espirituales ha proporcionado un marco para entender la vida después de la muerte y la comunicación con el más allá de una manera que busca armonizar la fe con la razón.

Alan Kardec dejó un legado duradero como fundador del espiritismo, ofreciendo una perspectiva única sobre la continuidad de la vida después de la muerte y la interacción entre el mundo espiritual y el material, que sigue resonando con aquellos que buscan respuestas a las preguntas más profundas de la existencia.

Jiddu Krishnamurti

Es una figura emblemática en el mundo de la espiritualidad del siglo XX, cuya vida y enseñanzas continúan inspirando a buscadores espirituales en todo el mundo. Su historia es única, desde sus humildes comienzos en una pequeña localidad de la India hasta convertirse en un renombrado maestro espiritual con seguidores en todo el mundo.

Descubrimiento y Educación

Descubierto por C.W. Leadbeater de la Sociedad Teosófica debido a su aura excepcionalmente pura, Krishnamurti fue adoptado por la Sociedad y preparado para ser un líder espiritual. Se le proporcionó una educación refinada y se le introdujo en los círculos esotéricos y teosóficos, donde se esperaba que desempeñara un papel mesiánico como el Gran Instructor Espiritual anunciado por la Sociedad Teosófica.

La Orden de la Estrella

La fundación de la Orden de la Estrella en 1911, con Krishnamurti como su jefe mundial, marcó el comienzo de su preparación formal para asumir el rol de Instructor del Mundo. Esta organización tenía como objetivo preparar a la humanidad para su enseñanza y liderazgo espiritual. Durante este tiempo, Krishnamurti fue objeto de una atención y veneración extraordinarias, recibiendo una educación esmerada y viviendo en el lujo, lo que contrastaba profundamente con sus orígenes humildes.

Crisis y Transformación

A pesar de la preparación y las expectativas puestas en él, Krishnamurti más tarde rechazaría el papel mesiánico que la Sociedad Teosófica había diseñado para él, en un giro de eventos que sacudiría los cimientos de la organización y del movimiento espiritualista de la época. Este rechazo no solo marcó el fin de su asociación formal con la Sociedad Teosófica y la Orden de la Estrella, sino que también estableció el tono para su enseñanza futura, centrada en la libertad del pensamiento religioso y espiritual.

Krishnamurti es recordado no solo por su negativa a ser etiquetado como un líder espiritual en el sentido tradicional sino también por sus profundas enseñanzas sobre la comprensión de la mente, la naturaleza del pensamiento, y la importancia de la libertad psicológica y espiritual. A través de sus conferencias, diálogos y escritos, promovió un enfoque de la espiritualidad basado en la autoindagación directa y la percepción personal, libre de autoridad externa y dogma.

La vida de Krishnamurti es un testimonio de su búsqueda incansable de la verdad y su compromiso con llevar un mensaje de libertad espiritual y autoconocimiento al mundo, lo que sigue resonando en el corazón de muchos buscadores espirituales contemporáneos.

Rompimiento con la Sociedad Teosófica

La separación de Jiddu Krishnamurti de la Sociedad Teosófica y su renuncia a la presidencia de la Orden de la Estrella en 1929 marcan un momento crucial no solo en su vida personal sino en la historia del pensamiento espiritual del siglo XX. Este acto de independencia refleja su compromiso inquebrantable con la búsqueda de la verdad y la libertad espiritual, más allá de las limitaciones impuestas por cualquier organización o doctrina.

La Muerte de Nitya

La pérdida de su hermano Nitya fue un golpe devastador para Krishnamurti, profundamente unido a él tanto emocional como espiritualmente. La promesa incumplida de los líderes teosóficos sobre la salud de Nitya exacerbó su desilusión con la Sociedad Teosófica y contribuyó a su proceso de transformación interna. Este evento doloroso catalizó su reflexión sobre la naturaleza de la vida, la muerte y la verdad espiritual, llevándolo a cuestionar aún más profundamente las estructuras y creencias establecidas.

Renuncia y Declaración de Independencia

La renuncia de Krishnamurti a la Orden de la Estrella y a la Sociedad Teosófica fue un acto de liberación personal y una declaración de independencia espiritual. Su discurso en Holanda, donde proclamó que "la Verdad es una tierra sin caminos", es emblemático de su enseñanza futura. Krishnamurti rechazó la idea de que la verdad pueda ser alcanzada a través de cualquier sistema organizado de creencias o prácticas, enfatizando en cambio la importancia de la comprensión personal y directa.

Enseñanzas Posteriores

Tras su separación de la Sociedad Teosófica, Krishnamurti dedicó el resto de su vida a hablar y escribir sobre la necesidad de una revolución interna en la conciencia individual, libre de autoridad externa y dogma. Sus enseñanzas se centraron en la observación de la mente y la naturaleza del pensamiento, la importancia de la relación y el amor, y la comprensión del miedo y el sufrimiento como barreras para la percepción de la verdad.

Meditación

Para Jiddu Krishnamurti, la meditación no es una práctica o técnica en el sentido tradicional. No consiste en seguir un método, repetir mantras, concentrarse en un objeto específico, o adoptar una postura particular. Su enfoque de la meditación es radicalmente diferente y profundamente ligado a la comprensión de la mente y la conciencia.

Meditación como Observación

Krishnamurti ve la meditación como un estado de observación pura, donde la mente está completamente libre de pensamientos y se encuentra en un estado de atención total. Esta observación no es selectiva ni dirigida; no se enfoca en un objeto particular, sino que es una atención abierta y sin esfuerzo a todo lo que es, tanto interna como externamente.

Meditación sin Esfuerzo

Para Krishnamurti, cualquier esfuerzo por meditar no es meditación. El esfuerzo implica conflicto, el cual surge de la división entre el observador y lo observado. En la verdadera meditación, esta división no existe; hay una unidad completa y una observación sin el observador. La meditación sucede cuando la mente está libre de todo deseo de alcanzar un estado particular o de lograr una experiencia específica.

Meditación y Conciencia de Momento a Momento

Krishnamurti enfatiza la importancia de la conciencia de momento a momento en la vida diaria, no solo durante un período de meditación. La meditación es un estado de ser que permea todos los aspectos de la vida, no confinado a un tiempo o espacio designados. Es una manera de vivir en la cual hay una atención plena y una percepción clara en cada momento.

Meditación como Comprensión del Yo

La meditación, según Krishnamurti, es también un proceso de autoindagación y comprensión del "yo". A través de la observación, uno comienza a ver las raíces del pensamiento, el deseo, el miedo y el sufrimiento. Esta comprensión profunda del funcionamiento de la mente y el yo conduce a una transformación de la conciencia.

Meditación y Libertad

Finalmente, la meditación es vista por Krishnamurti como el camino hacia la libertad total. Es la liberación de todas las formas de condicionamiento, miedo y conflicto. En este estado de libertad, hay amor, compasión y una profunda conexión con todo lo que es.

En resumen, la meditación para Krishnamurti es un estado natural de la mente que surge cuando hay una completa atención y conciencia sin esfuerzo, libre de cualquier método o técnica. Es un proceso de descubrimiento de uno mismo que lleva a la comprensión y la libertad verdaderas.

Aportes de Krishnamurti

Los aportes de Jiddu Krishnamurti al pensamiento espiritual y filosófico moderno son vastos y profundos, marcando un antes y un después en la manera en que entendemos la búsqueda de la libertad y el autoconocimiento. A través de su extensa obra y sus conferencias alrededor del mundo, Krishnamurti dejó un legado de enseñanzas centradas en la comprensión de la mente humana y la superación de las barreras que nos separan de una percepción clara de la realidad.

Enfoque en la Libertad Interior

Krishnamurti enfatizó la importancia de alcanzar una libertad interior que no esté condicionada por el pasado ni por las proyecciones hacia el futuro. Esta libertad es entendida no como un concepto intelectual, sino como una vivencia directa y profunda del presente, del "ahora". Para él, la verdadera libertad surge de la comprensión y el conocimiento de uno mismo, más allá de cualquier autoridad externa, incluidas las religiones, las disciplinas espirituales y los maestros o gurús.

Crítica a la Autoridad Espiritual

Una de las contribuciones más significativas de Krishnamurti fue su rechazo a la figura del maestro o gurú como intermediario en el camino espiritual del individuo. Desafiando la tradición, instó a las personas a emprender su propio viaje de autoindagación sin depender de figuras de autoridad. Esta postura revolucionaria invitó a sus seguidores a asumir la responsabilidad total de su proceso espiritual y a confiar en su propia capacidad para descubrir la verdad.

Creación de Fundaciones

La creación de fundaciones en Inglaterra, Estados Unidos e India permitió que las enseñanzas de Krishnamurti se preservaran y difundieran a futuras generaciones. Estas organizaciones continúan promoviendo su visión y proporcionando recursos para aquellos interesados en explorar sus ideas sobre la libertad, el amor y la comprensión de la condición humana.

Legado y Mensaje

Hasta el final de sus días, Krishnamurti se mantuvo activo en su labor de enseñanza, impartiendo charlas y escribiendo sobre la necesidad de un cambio radical en la conciencia individual como camino hacia la transformación global. Su mensaje, lleno de sabiduría y amor por la humanidad, sigue resonando con fuerza, invitando a cada persona a mirar dentro de sí misma para encontrar las respuestas a las preguntas fundamentales de la vida.

Krishnamurti nos dejó un legado de incalculable valor: la posibilidad de vivir una vida liberada de las cadenas del condicionamiento psicológico y social, una vida en la que cada momento está lleno de la belleza de lo real. Su enseñanza sigue siendo una fuente de inspiración para todos aquellos que buscan comprender la naturaleza de la mente y vivir en armonía con la verdad.

Nichiren Daishonin

Es una figura central en el budismo japonés, cuya vida y enseñanzas han tenido un impacto profundo en el desarrollo de esta tradición religiosa, especialmente a través de la escuela Nichiren, que lleva su nombre. Su enfoque en el Sutra del Loto y la práctica de recitar el daimoku, "Nam-myoho-renge-kyo", como la esencia de la iluminación y la clave para superar los sufrimientos de la vida, ha resonado con millones de seguidores en todo el mundo.

El nombre "Nichiren" simboliza la unión entre la persona iluminada (Nichi, que significa "sol") y la ley de causalidad (Ren, que significa "loto"). Esta relación destaca la creencia de que la iluminación es accesible a todas las personas a través de la práctica correcta y la fe en la ley mística del universo, expresada como "Nam-myoho-renge-kyo".

Biografía y Contexto Histórico

Nacido en 1222 en una familia modesta, Nichiren Daishonin se dedicó desde joven al estudio del budismo, explorando diversas sectas y enseñanzas. A través de sus estudios, concluyó que el Sutra del Loto contenía la enseñanza definitiva de Shakyamuni Buda para la era de Mappo (los últimos días de la ley), un período caracterizado por el declive de la fe y la moral.

Proclamación de Nam-myoho-renge-kyo

El 28 de abril de 1253, Nichiren proclamó que "Nam-myoho-renge-kyo" es la Ley Verdadera que puede liberar a las personas de sus sufrimientos y llevarlas a la iluminación. Esta proclamación marcó el inicio de su misión de difundir esta enseñanza, enfrentándose a la oposición y persecución de las autoridades y otras sectas budistas, especialmente la secta Nembutsu, que él criticaba por considerarla una causa de los males de la sociedad.

Persecuciones y Enseñanzas

A lo largo de su vida, Nichiren Daishonin enfrentó numerosas persecuciones, incluyendo intentos de ejecución y exilios, debido a sus críticas hacia las enseñanzas budistas dominantes de su tiempo y su desafío al orden establecido. A pesar de estas adversidades, continuó escribiendo tratados y cartas (Goshos) para sus seguidores, profundizando en sus enseñanzas y reafirmando la importancia de la fe, la práctica y el estudio del Sutra del Loto.

Risho Ankoku Ron: Llamado a la Reforma

En su obra fundamental, "Rissho Ankoku Ron" (Tesis de Pacificación de la Tierra a través de la Propagación del Budismo Verdadero), Nichiren Daishonin argumenta que las calamidades sociales y naturales que azotaban Japón eran el resultado de la fe de la gente en enseñanzas budistas incorrectas. Propuso que la única forma de superar estos desastres y asegurar la paz y la prosperidad del país era a través de la devoción al Sutra del Loto y la recitación de "Nam-myoho-renge-kyo".

Persecuciones y Pruebas de Fe

La vida de Nichiren Daishonin estuvo marcada por numerosas persecuciones, que él interpretó como pruebas de su fe y de la validez de sus enseñanzas. Desde intentos de asesinato hasta exilios y arrestos, enfrentó desafíos constantes de las autoridades y de otras sectas budistas. Sin embargo, permaneció inquebrantable en su compromiso de difundir el Sutra del Loto como el camino hacia la iluminación y la paz mundial.

El Incidente de Tatsunokuchi

Uno de los momentos más dramáticos de su vida fue el intento de ejecución en Tatsunokuchi, donde, según relata, fue salvado milagrosamente por una luz brillante en el cielo que atemorizó a sus ejecutores y les impidió llevar a cabo la sentencia. Este evento es visto por sus seguidores como una prueba divina de la protección de los dioses budistas hacia Nichiren Daishonin y su misión.

El nuevo exilio de Nichiren Daishonin a la isla de Sado marca un período de intensa prueba y también de profunda productividad para él. A pesar de las condiciones extremadamente adversas, este período resultó ser uno de los más fructíferos en términos de su producción literaria y desarrollo doctrinal. En este aislamiento forzado, Nichiren Daishonin consolidó aún más sus enseñanzas y reafirmó su posición como el Buda Original, tal como lo expresa en sus escritos.

Escritos en Sado

Durante su exilio en Sado, Nichiren Daishonin escribió algunos de sus trabajos más importantes, incluyendo "Kaimoku Sho" (Apertura de los Ojos) y "Kanjin no Honzon Sho" (El Verdadero Objeto de Veneración). En estos textos, articula con claridad su visión del budismo y su papel como restaurador de las enseñanzas verdaderas de Buda Shakyamuni, enfatizando la centralidad del Sutra del Loto y la práctica de invocar Nam-myoho-renge-kyo.

Debate Religioso y Perdón

A pesar de las duras condiciones y los continuos atentados contra su vida, Nichiren Daishonin mantuvo su firmeza y convicción, defendiendo sus enseñanzas en debates religiosos y refutando las doctrinas de otras sectas budistas. Su habilidad para argumentar y su profundo conocimiento del budismo quedaron demostrados en estos intercambios, como lo relata en sus escritos.

Su eventual perdón y retorno de Sado en 1274 no marcaron el fin de sus desafíos, pero sí un reconocimiento de su influencia y la imposibilidad de silenciar su voz. A su regreso a Kamakura, continuó advirtiendo sobre las consecuencias de ignorar las enseñanzas verdaderas y la inminente amenaza de la invasión mongola, un evento que él predijo con precisión.

Retiro al Monte Minobu

Decidiendo retirarse del escenario político y religioso directo en Kamakura, Nichiren Daishonin se trasladó al Monte Minobu. Este retiro no fue una huida, sino un movimiento estratégico hacia un entorno donde podría enseñar y escribir con mayor libertad, alejado de las persecuciones directas. En Minobu, continuó escribiendo cartas a sus seguidores, consolidando su comunidad de discípulos y profundizando en sus enseñanzas.

El ataque de las fuerzas mongoles a Japón en octubre de 1274 marcó un punto de inflexión en la vida y las enseñanzas de Nichiren Daishonin. Este evento histórico, que Nichiren Daishonin había predicho como una consecuencia de la adhesión del país a enseñanzas budistas incorrectas, sirvió para reafirmar la urgencia y la importancia de su misión de propagar el Sutra del Loto y la recitación de "Nam-myoho-renge-kyo" como el camino hacia la paz y la iluminación.

Enseñanzas y Transmisión

Durante su tiempo en Minobu, Nichiren Daishonin se dedicó a la elaboración de textos fundamentales, como "La selección del tiempo" y "Retribución de las deudas de Gratitud". Estos escritos, junto con el "Ongi Kuden" (Registro de las Enseñanzas Transmitidas Oralmente), que fue redactado por su sucesor Nikko Shonin, forman la base doctrinal sobre la cual se asienta el budismo Nichiren. La transmisión oral de sus enseñanzas a Nikko Shonin aseguró que su interpretación del budismo se preservara y continuara después de su muerte.

El Incidente de Atsuhara

El incidente de Atsuhara, donde veinte campesinos seguidores de Nichiren Daishonin fueron arrestados y torturados, con tres de ellos ejecutados por su fe, demostró la solidez y la sinceridad de la fe de sus seguidores. Este evento convenció a Nichiren Daishonin de que había cumplido con el propósito de su advenimiento y que había establecido un sólido fundamento para el kosen-rufu, la difusión de la Ley Mística para la paz mundial y la felicidad de la humanidad.

Establecimiento del Dai-Gohonzon

El establecimiento del Dai-Gohonzon el 12 de octubre de 1279 es considerado el momento culminante de la misión de Nichiren Daishonin. Este objeto de veneración, inscrito por él mismo, simboliza la esencia de sus enseñanzas y su intención de hacer accesible la iluminación a todas las personas, independientemente de su estatus o condición.

Legado y Enseñanzas

El legado de Nichiren Daishonin es vasto, abarcando un cuerpo extenso de escritos que siguen siendo estudiados y venerados por millones de personas en todo el mundo. Sus enseñanzas sobre la importancia de la fe, la práctica y el estudio del Sutra del Loto, así como su énfasis en la acción basada en la compasión y el coraje moral, continúan inspirando a sus seguidores a buscar la paz mundial y la felicidad individual a través del budismo.

Nichiren Daishonin es recordado no solo como un reformador religioso, sino también como un símbolo de resistencia contra la opresión y un defensor incansable de la verdad y la dignidad humana. Su vida y enseñanzas siguen siendo un faro de esperanza y una guía para la transformación personal y social.

La obra y la vida de Nichiren Daishonin, un reformador budista del siglo XIII, se caracterizan por su firme compromiso con la propagación del Sutra del Loto como la enseñanza suprema de Buda Shakyamuni para la era de Mappo (los últimos días de la ley). Su enfoque revolucionario y sus desafíos a las autoridades religiosas y políticas de su tiempo provocaron una serie de persecuciones y pruebas que, según sus enseñanzas, sirvieron para validar la profundidad y la verdad de su misión.

Nichiren Daishonin dejó un legado duradero a través de sus escritos y la fundación del movimiento que lleva su nombre. Sus enseñanzas enfatizan la capacidad inherente de todas las personas para alcanzar la iluminación en esta vida, a través de la fe y la práctica de "Nam-myoho-renge-kyo". Las organizaciones budistas Nichiren, como la Soka Gakkai Internacional, continúan promoviendo sus principios de paz, cultura y educación, basados en la compasión y el respeto por la dignidad inherente de la vida.

Nichiren Daishonin dejó claras instrucciones sobre la sucesión y la propagación futura de sus enseñanzas. A través de documentos como el "Documento para Confiar la Ley que Nichiren propagó a través de su vida" y el "Documento para el Legado del Minobu-San", designó a Nikko Shonin como su sucesor y delineó los principios para la futura propagación del budismo Nichiren. Estos documentos aseguraron que sus enseñanzas se mantuvieran puras y continuaran difundiéndose después de su muerte.

Nichiren Daishonin concluyó su vida el 13 de octubre de 1282, dejando un legado de profunda espiritualidad y compromiso con la verdad. Su vida y enseñanzas continúan inspirando a millones de personas en todo el mundo a buscar la paz interior y la armonía en la sociedad a través de la práctica del budismo Nichiren. Su enfoque en la importancia del sol y la luna, como símbolos de armonía y equilibrio, refleja la profundidad y la universalidad de su visión espiritual.

El mensaje central de Nichiren Daishonin es que la iluminación está al alcance de todas las personas, en esta vida, a través de la fe y la práctica correctas. Su vida y enseñanzas subrayan la creencia en el poder transformador del Sutra del Loto y "Nam-myoho-renge-kyo" para superar las dificultades, alcanzar la felicidad personal y contribuir a la paz mundial.

Conde de Saint-Germain

(1710?- 1784?)

Figura enigmática y polifacética del Siglo de la Ilustración, sigue fascinando a historiadores y aficionados al ocultismo por su misteriosa vida y las leyendas que lo rodean. Su presencia en Francia durante el siglo XVIII, especialmente en París y luego en el castillo de Chambord, contribuyó a cimentar su reputación de hombre misterioso, alquimista, y posiblemente, inmortal.

Residencia en Francia y Proyectos

A su llegada a Francia en 1758, Saint-Germain ya estaba envuelto en un aura de misterio. Su propuesta revolucionaria de tintura de sedas a la Corona francesa, aunque no se materializó debido a la guerra de los Siete Años, le permitió establecer conexiones importantes dentro de la corte francesa y obtener como residencia el castillo de Chambord. Este lugar, cargado de fuerza iniciática y rodeado de la alta aristocracia, se convirtió en un escenario ideal para sus experimentos y estudios en hermetismo, alquimia, y posiblemente, prácticas ocultistas.

Actividades en Chambord

Aunque los detalles específicos de sus actividades en Chambord son escasos, se sugiere que Saint-Germain pudo haber dedicado su tiempo no solo a la alquimia, sino también a la magia y otras prácticas esotéricas. La mención en los archivos de Blois de un manuscrito sobre trabajos alquímicos, que alude a un secreto encontrado en el gabinete de Saint-Germain, insinúa la profundidad y seriedad de sus investigaciones en estas áreas.

Traslado a Versalles

La conclusión de su estancia en Chambord, motivada por la imposibilidad de llevar a cabo sus proyectos iniciales, llevó a Saint-Germain a trasladarse a Versalles. Este nuevo capítulo en su vida le acercaría aún más al centro del poder y la influencia en Francia, permitiéndole entablar relaciones con figuras clave de la época y continuar con sus misteriosas actividades.

La etapa de Saint-Germain en la corte francesa y sus viajes posteriores por Europa y Rusia reflejan la complejidad y el misterio que rodearon su vida. Su capacidad para entablar amistades con figuras de alto rango, como el mariscal de Belle-Isle y madame de Pompadour, y su influencia sobre Luis XV, demuestran no solo su carisma sino también su habilidad para navegar en los círculos de poder de la época.

Clarividencia y Misterios Resueltos

El episodio en el que Saint-Germain resuelve el misterio de la desaparición del fiscal Dumas, un caso que había desconcertado a París durante décadas, es particularmente revelador de sus supuestas capacidades paranormales o de clarividencia. Este acto no solo consolidó su posición en la corte sino que también pudo haber convencido a Luis XV de utilizarlo en misiones especiales, evidenciando la confianza que el monarca depositaba en sus habilidades únicas.

Misiones y Viajes

La misión en Inglaterra, aunque no culminó con éxito, y su estancia en Holanda bajo la protección de los rosacruces, sugieren que Saint-Germain estaba profundamente involucrado en las redes esotéricas y políticas de su tiempo. Su presencia en Rusia en 1762 añade otra capa de intriga a su figura, rodeándolo de rumores sobre su participación en eventos políticos de gran envergadura, aunque estos no puedan ser verificados con certeza.

La vida de Saint-Germain, marcada por sus continuos viajes y su habilidad para reinventarse, culmina en una serie de eventos que refuerzan su leyenda como un ser casi inmortal. Tras su estancia en Toumai y sus intentos fallidos en el negocio de la tintura de sedas, su viaje a Oriente y su regreso a Europa, la figura de Saint-Germain se envuelve aún más en el misterio.

Últimos Años y Muerte

A pesar de su intento por llevar una vida discreta en Leipzig y su posterior traslado a Schleswig bajo el patrocinio del príncipe Carlos de Hesse, los últimos años de Saint-Germain parecen haber estado marcados por la dificultad y el deterioro de su salud, culminando en su fallecimiento en 1784. Sin embargo, su muerte no hizo más que alimentar la leyenda que lo rodeaba, con afirmaciones de que nunca murió y que continuó apareciendo en diferentes lugares y épocas, participando incluso en eventos políticos significativos.

La Leyenda Continúa

Las historias sobre las apariciones de Saint-Germain tras su supuesta muerte contribuyen a la fascinación duradera por su persona. Desde ser visto en Francia en el siglo XIX hasta encuentros en Roma a principios del siglo XX y en Buenos Aires después, la leyenda de Saint-Germain trasciende el tiempo y el espacio, convirtiéndolo en un personaje atemporal en el imaginario colectivo.

Legado

La vida de Saint-Germain sigue siendo un enigma, con más preguntas que respuestas. Su figura se ha convertido en sinónimo de misterio, alquimia y la búsqueda de la inmortalidad. A través de los relatos de sus contemporáneos y los registros históricos que lo mencionan, Saint-Germain emerge como un personaje que desafía las convenciones de su tiempo, un hombre cuya verdadera historia quizás nunca sea completamente desvelada. Su legado perdura en la cultura popular y esotérica, inspirando a generaciones a explorar los límites del conocimiento y las posibilidades del espíritu humano.

Saint-Germain permanece como uno de los personajes más enigmáticos y fascinantes de la historia, un maestro del hermetismo cuya vida parece desafiar las leyes de la naturaleza. Su capacidad para la sugestión y su profundo conocimiento del ocultismo lo han convertido en una figura legendaria, cuya historia continúa inspirando a aquellos interesados en los misterios del esoterismo y la posibilidad de la inmortalidad. La leyenda de Saint-Germain, alimentada por sus supuestas apariciones y su influencia en eventos históricos, asegura que su recuerdo perdurará, manteniendo viva la curiosidad y el debate sobre la verdadera naturaleza de su ser.

El legado de Saint-Germain es complejo y multifacético. Aunque rodeado de misterio y especulación, su figura representa la fascinación del siglo XVIII por el ocultismo, la alquimia y la búsqueda de la inmortalidad. Su habilidad para navegar en los círculos de poder, combinada con sus conocimientos y prácticas esotéricas, lo convierten en uno de los personajes más intrigantes de su tiempo. A día de hoy, Saint-Germain continúa siendo objeto de estudio y especulación, no solo por sus supuestas habilidades y conocimientos ocultos, sino también por el enigma que rodea su verdadera identidad y destino.

Claude de Saint-Martin

Claude de Saint-Martin (1743-1803), conocido como el "Filósofo Desconocido", fue un destacado pensador hermético cuya vida y obra se entrelazan profundamente con los misterios del esoterismo y la búsqueda espiritual. Nacido en una familia aristocrática en Amboise, en el pintoresco valle del Loira, Saint-Martin demostró desde temprana edad una notable inclinación hacia el estudio y una profunda moralidad, cualidades que lo distinguirían a lo largo de su vida.

Después de cursar estudios en Derecho y convertirse en abogado, Saint-Martin experimentó un giro inesperado en su carrera al enlistarse en el ejército, donde alcanzó el rango de oficial en un regimiento estacionado en Burdeos. Fue durante este período que su camino se cruzó con el de la orden hermética de los Elegidos Cohen y su carismático fundador, Martines de Pasqually. La profunda impresión que Pasqually dejó en Saint-Martin lo llevó a sumergirse en el estudio del ocultismo y las prácticas teúrgicas, aunque con el tiempo, encontraría que su verdadera vocación yacía más allá de los rituales y ceremonias.

La búsqueda de una espiritualidad más auténtica y profunda guió a Saint-Martin hacia la Orden Rosacruz, donde alcanzó el grado más alto. Sin embargo, la influencia más significativa en su desarrollo espiritual vendría de la mano de Jacob Boehme, cuyas obras lo inspiraron a adoptar una visión más introspectiva y centrada en el corazón como el verdadero lugar de la iniciación espiritual.

Saint-Martin dedicó su vida a la exploración de la naturaleza humana y su relación con lo divino, una búsqueda que plasmó en numerosas obras, comenzando con "De los errores y de la verdad" en 1775. A través de sus escritos, Saint-Martin abogó por una comprensión más profunda del ser humano no como un ente meramente racional, sino como un ser espiritual cuya existencia se encuentra intrínsecamente conectada con el cosmos.

La filosofía de Saint-Martin, profundamente antropocéntrica, se esfuerza por desentrañar los misterios del ser humano y su papel en el universo. Para él, el verdadero conocimiento y la iniciación no se encuentran en los rituales externos, sino en el viaje interior hacia el "hombre nuevo", liberado del "hombre viejo" y en armonía con la esencia divina.

Saint-Martin dejó un legado duradero en el campo del esoterismo, influenciando a generaciones futuras de buscadores espirituales. Su obra continúa siendo un faro para aquellos que buscan trascender la superficialidad del materialismo y adentrarse en las profundidades de la espiritualidad, donde el corazón y el alma se encuentran con lo eterno.

El pensamiento de Claude de Saint-Martin, conocido como el "Filósofo Desconocido", constituye una piedra angular en el edificio del esoterismo occidental. Su filosofía, profundamente arraigada en la mística y el hermetismo, propone un camino de transformación espiritual que busca liberar al individuo de las ataduras del ego y del materialismo, para reconectarlo con su esencia divina y universal.

Saint-Martin enfatizaba la necesidad de una metamorfosis interior, un proceso de renacimiento espiritual que él describía en términos de pasar del "hombre viejo" al "hombre de deseo", y finalmente, al "hombre espíritu". Este viaje de transformación no es meramente metafórico, sino una invitación a experimentar una profunda regeneración del ser, donde el individuo, asistido por la Providencia, se alinea con el propósito original de su creación.

La muerte de Saint-Martin en 1803 no marcó el fin de su influencia. Por el contrario, sus ideas y enseñanzas continuaron inspirando a generaciones de buscadores espirituales y filósofos herméticos. Sin embargo, fue la revitalización de la Orden Martinista por parte de Gerard Encausse (Papus) en el siglo XIX lo que aseguró la perpetuación y expansión de su legado. Papus, reconociendo la profundidad y la relevancia de la filosofía martinista, se dedicó a promoverla y adaptarla a los nuevos tiempos, manteniendo su esencia centrada en la búsqueda de la iluminación y la comprensión de las leyes divinas que gobiernan el cosmos.

La Orden Martinista, tal como se consolidó bajo la dirección de Papus, se caracteriza por su enfoque en la mística judeocristiana y su compromiso con el estudio de la naturaleza íntima del ser humano. Esta orden iniciática no solo busca explorar las conexiones entre Dios, el hombre y el universo, sino también fomentar un proceso de crecimiento espiritual que permita al individuo alcanzar su máximo potencial.

En resumen, el pensamiento de Saint-Martin ofrece una visión holística y profundamente espiritual de la existencia, invitando a una reflexión sobre la verdadera naturaleza del ser humano y su lugar en el universo. Su legado, perpetuado a través de la Orden Martinista, continúa siendo una fuente de inspiración para aquellos que buscan trascender la superficialidad de la existencia material y embarcarse en un viaje hacia la auténtica realización espiritual.

Rudolf Steiner

(1861-1925)

El eminente filósofo y hermetista austriaco, es reconocido como el fundador de la antroposofía, una filosofía espiritual que aborda una amplia gama de temas, desde la educación y la medicina hasta la agricultura y la ciencia espiritual.

La infancia de Steiner estuvo marcada por privaciones, pero también por una curiosidad innata y un talento excepcional para el estudio. A pesar de no encajar bien en los entornos educativos tradicionales debido a su naturaleza sensible y delicada, Steiner demostró una notable capacidad autodidacta que le permitió adentrarse en diversos campos del conocimiento, desde las ciencias hasta las artes y la filosofía.

A los ocho años, tuvo una reveladora experiencia al darse cuenta de la perfecta adecuación de la geometría en el mundo físico, lo que sentó las bases para su posterior exploración de las relaciones entre el mundo visible y el invisible.

Ingresó en una escuela técnica a una edad temprana, aunque su pasión por el conocimiento lo llevó a estudiar por su cuenta obras de filósofos como Kant y a dominar idiomas clásicos como el latín y el griego para acceder a las obras de los grandes escritores en su idioma original.

A los quince años, sorprendentemente, asumió el rol de preceptor, demostrando su madurez intelectual y su capacidad para transmitir conocimientos incluso a una edad temprana.

En Viena, tuvo la oportunidad de asistir a las clases del filósofo Franz Brentano, mientras que su interés por las ciencias naturales lo llevó a descubrir y admirar las obras de Goethe, estableciendo así una relación intelectual duradera que influiría profundamente en su pensamiento.

En 1890, Steiner se estableció en Weimar para trabajar en un proyecto editorial sobre Goethe, donde pasó siete años y obtuvo finalmente su doctorado en filosofía en la Universidad de Rostock, un logro que no había alcanzado durante su tiempo en Viena.

Este período en Weimar fue fundamental para el desarrollo de sus ideas, ya que le permitió sumergirse en el mundo del pensamiento goetheano y desarrollar su enfoque único sobre la espiritualidad y la naturaleza del ser humano.

Teosofía

El filósofo y hermetista austriaco, es ampliamente conocido como el fundador de la antroposofía, un movimiento espiritual y filosófico que aborda una amplia gama de temas desde la educación hasta la agricultura, pasando por la medicina y la espiritualidad.

En sus primeros años, Steiner se unió a la Sociedad Teosófica, donde desempeñó un papel importante en la organización de la sociedad en Alemania. Sin embargo, se distanció de la teosofía debido a discrepancias con la presidenta de la sociedad, Annie Besant, y buscó una nueva dirección para su búsqueda espiritual.

Durante este tiempo, Steiner conoció a destacados teósofos como Marie de Rivers, quien lo puso en contacto con Annie Besant tras el fallecimiento de Helena Blavatsky, la fundadora de la Sociedad Teosófica. Bajo la influencia de la teosofía, Steiner fundó la revista "Lucifer y Gnosis" y publicó obras inspiradas en esta corriente esotérica.

Sin embargo, Steiner pronto sintió la necesidad de modificar algunos aspectos de la teosofía para fusionar conceptos filosóficos orientales con una perspectiva más occidental y crística. Estas innovaciones no fueron bien recibidas por Annie Besant, lo que provocó tensiones entre ambos y finalmente condujo a su ruptura con la Sociedad Teosófica.

Antroposofía

Libre de las restricciones de la teosofía, Steiner fundó su propia escuela, la Sociedad Antroposófica, en 1913 en Dornach, cerca de Basilea. Esta nueva organización, aunque se basaba en premisas teosóficas, tenía un cuerpo doctrinal único y una esencia netamente occidental, vinculada a la tradición cristiana.

La antroposofía de Steiner se caracterizaba por su enfoque en la reconciliación entre lo humano y lo divino, especialmente a través de la figura de Cristo. Para Steiner, Cristo representaba la posibilidad de integrar lo humano en lo divino, uniendo al individuo con el Creador. Este concepto se manifestaba en la euritmia, una práctica en la que el individuo alcanzaba un estado de pureza que le permitía percibir los ritmos arcanos de la naturaleza.

Este nuevo enfoque también se reflejaba en las técnicas psicológicas, pedagógicas y artísticas de la antroposofía, que buscaban una comprensión más profunda y una conexión más íntima con la naturaleza y el cosmos.

La teoría antroposófica, desarrollada por Rudolf Steiner, aborda la composición y la evolución del ser humano desde una perspectiva holística y espiritual. Según esta teoría, el hombre está constituido por cuatro elementos interrelacionados: el cuerpo físico, el etérico, el astral y el "Yo".

Similar a otras corrientes esotéricas, en la antroposofía se postula que el hombre posee un cuerpo físico, un cuerpo etérico (o vital) y un cuerpo astral, que comparten similitudes con los componentes del reino mineral, vegetal y animal, respectivamente. Sin embargo, el "Yo" es exclusivo del ser humano y representa su elemento diferenciador de los demás seres naturales.

Durante el sueño físico, según Steiner, el "Yo" y el cuerpo astral abandonan el cuerpo físico y el etérico, retornando al mundo espiritual. Además, Steiner propone que el hombre experimenta tres etapas sucesivas de conciencia, denominadas "alma sensible", "alma racional" y "alma consciente", así como fases superiores de conciencia que conducen hacia el desarrollo futuro del "ser espiritual", el "espíritu de vida" y el "hombre espíritu".

Arte, medicina y pedagogía

Steiner también destacó en campos como el arte, la medicina y la pedagogía. Influenciado profundamente por Goethe, Steiner encontró en el arte una expresión vital de la comprensión cognitiva del mundo, dedicándose activamente a la escultura, la pintura, la música y la poesía. En medicina, propuso una visión integral que incorporaba tanto el diagnóstico convencional como la percepción espiritual, buscando restaurar el equilibrio interno del individuo.

En el ámbito educativo, Steiner estableció las escuelas Waldorf, cuyo enfoque se centra en la observación directa y profunda del ser humano en evolución, basándose en la naturaleza anímico-corporal y espiritual del niño en lugar de las normativas sociales. Este sistema educativo, que ha experimentado un notable crecimiento global, se basa en el principio de desarrollar la individualidad y creatividad de cada estudiante, fomentando un aprendizaje integral y una conexión profunda con el mundo que los rodea.

Emmanuel Swedenborg

(1688-1772)

Destacó como una figura prominente en el ámbito esotérico durante el periodo de la Ilustración. Nacido en Estocolmo, en el seno de una familia pastoral, recibió una educación en filosofía, teología y ciencias en la Universidad de Upsala, donde obtuvo su doctorado a una edad temprana. Posteriormente, perfeccionó sus estudios en Londres, donde tuvo la oportunidad de trabajar con figuras como Newton, antes de viajar a Holanda, Francia y Alemania.

A pesar de su éxito académico, Swedenborg se sintió atraído por el ocultismo y las esferas espirituales. En 1745, abandonó sus actividades científicas para dedicarse por completo a esta búsqueda espiritual. Sus experiencias visionarias, iniciadas con una visión en 1744, lo llevaron a afirmar estar en contacto con seres sobrenaturales y a desentrañar los misterios del cielo, el infierno y los seres que los habitan.

Las habilidades paranormales de Swedenborg se hicieron cada vez más notables con el tiempo. En 1759, describió con detalle un incendio en Estocolmo mientras se encontraba en Göteborg, a cientos de kilómetros de distancia. Además, se dice que brindó ayuda a figuras prominentes, incluida la reina, con su don de videncia, lo que contribuyó a su creciente renombre.

Swedenborg practicaba técnicas psicofísicas, como la "respiración interna", que según él, le permitían comunicarse con espíritus selectos y revelar los secretos de las Escrituras. Sus obras más conocidas, como "Arcana coelestia" y "Del cielo y del infierno", exploran conceptos como la existencia de espíritus en un estado transitorio en un mundo intermedio entre la vida terrenal y la vida después de la muerte, una teoría que influenció profundamente el movimiento espiritista posterior.

Arcana coelestia

Es una obra extensa escrita por Emmanuel Swedenborg que aborda temas teológicos y espirituales desde una perspectiva esotérica. En esta obra, Swedenborg explora los misterios del significado interno de la Biblia, revelando interpretaciones más profundas y simbólicas de los textos sagrados. Argumenta que cada pasaje bíblico tiene un significado más allá de su interpretación literal, y que estos significados más profundos revelan verdades espirituales sobre la naturaleza de Dios, el cosmos y la humanidad. "Arcana coelestia" se centra en la interpretación de los primeros libros del Génesis y otros pasajes bíblicos, utilizando un enfoque hermenéutico que busca iluminar el entendimiento espiritual del lector.

Del cielo y del infierno

Es otra obra fundamental de Swedenborg en la que explora el mundo espiritual y presenta su visión de la vida después de la muerte. En esta obra, Swedenborg describe detalladamente su experiencia de viajar en espíritu a los reinos celestiales y demoníacos, y ofrece una descripción detallada de los diferentes estados del cielo y el infierno. Argumenta que las almas después de la muerte experimentan un estado de acuerdo con sus disposiciones internas y sus acciones en vida, y que el amor y la sabiduría son los principios fundamentales que determinan la naturaleza de su existencia espiritual. "Del cielo y del infierno" también ofrece reflexiones sobre temas como la naturaleza del bien y el mal, la justicia divina y la misericordia, y proporciona una visión única del mundo espiritual basada en las experiencias personales y las revelaciones de Swedenborg.

El legado de Swedenborg se extendió por países como Suecia y Noruega, donde su influencia fue significativa, especialmente entre los seguidores del movimiento rosacruz. Además, la Iglesia de la Nueva Jerusalén, fundada por él, ganó rápidamente seguidores en diversos países.

Swedenborg falleció en 1772, como él mismo había pronosticado. Su obra continuó influyendo en figuras posteriores del mundo esotérico, como Martines de Pasqually y Louis-Claude de Saint-Martin, consolidando su posición como una figura destacada en la historia del esoterismo.

Reflexión y palabras finales

En este viaje a través de las enseñanzas de diversos maestros espirituales y filosóficos, hemos explorado un abanico de perspectivas sobre el desarrollo personal y espiritual. Desde las profundas introspecciones de Jiddu Krishnamurti hasta la sabiduría ancestral de Helena Petrovna Blavatsky, cada maestro nos ha brindado una ventana hacia la comprensión más profunda de nosotros mismos y del mundo que nos rodea.

En primer lugar, hemos aprendido que el desarrollo personal y espiritual no es un destino final, sino un viaje continuo de autodescubrimiento y crecimiento. Es un proceso en el que nos embarcamos con humildad y apertura, dispuestos a explorar nuestras propias profundidades y descubrir nuevas facetas de nuestra existencia.

La práctica regular y la dedicación personal son fundamentales en este viaje. Como nos han enseñado, la constancia en la búsqueda interior nos lleva a mayores niveles de conciencia y comprensión. Al comprometernos con nuestro propio crecimiento, cultivamos una conexión más profunda con nuestro ser interior y con el tejido mismo de la existencia.

Explorar diferentes tradiciones espirituales y filosóficas nos permite enriquecer nuestra comprensión y encontrar aquellas enseñanzas que resuenan más con nuestra propia verdad interior. Cada maestro nos ofrece una perspectiva única, y al integrar estas diversas enseñanzas en nuestra vida, ampliamos nuestra visión del mundo y enriquecemos nuestro camino espiritual.

Sin embargo, el verdadero impacto de nuestro desarrollo personal y espiritual se manifiesta en nuestras interacciones con los demás y en la sociedad en su conjunto. Como individuos más conscientes y compasivos, tenemos el poder de transformar nuestras relaciones y nuestra comunidad, sembrando las semillas de una sociedad más armónica y equitativa.

En última instancia, el camino del desarrollo personal y espiritual es un viaje de autenticidad y autodescubrimiento. No hay un camino único o correcto, sino múltiples senderos que nos llevan hacia la verdad interior. Al honrar nuestra propia voz interior y seguir nuestra guía personal, contribuimos no solo a nuestro propio florecimiento, sino también al florecimiento colectivo de la humanidad.

Es importante reconocer que, si bien el papel de un maestro espiritual puede ser invaluable en nuestro camino de desarrollo personal, también existe el riesgo inherente de una relación autoritaria. En ocasiones, la veneración excesiva o la dependencia emocional hacia un maestro puede llevar a una pérdida de autonomía y a una supresión de nuestra capacidad de discernimiento. En lugar de promover el empoderamiento y la autonomía, una relación autoritaria con un maestro puede limitar nuestra libertad y restringir nuestro crecimiento personal.

Del mismo modo, los grupos sectarios representan un peligro potencial para el desarrollo espiritual de las personas. Estos grupos suelen ejercer un control rígido sobre sus miembros, dictando cómo deben pensar, sentir y actuar. Al imponer una ideología dogmática y restringir la libertad de pensamiento, los grupos sectarios pueden socavar la capacidad de las personas para explorar y cuestionar sus creencias, lo que obstaculiza su desarrollo espiritual genuino.

En contraposición a estas dinámicas restrictivas, las ideas de Jiddu Krishnamurti nos invitan a buscar la libertad interior y el autodescubrimiento. Krishnamurti enfatiza la importancia de cuestionar las creencias establecidas y de explorar nuestra propia verdad interior de manera independiente. En lugar de adherirse ciegamente a una autoridad externa o a una ideología preestablecida, nos insta a desarrollar una mente libre y abierta, capaz de discernir por sí misma y de encontrar la verdad a través de la experiencia directa.

En este sentido, el verdadero desarrollo espiritual implica el cultivo de la autonomía y la libertad interior. Se trata de liberarse de las ataduras del pensamiento condicionado y de abrirse a nuevas posibilidades de comprensión y crecimiento. Al fomentar un sentido de libertad interior y de responsabilidad personal, podemos trascender las limitaciones impuestas por las relaciones autoritarias y los grupos sectarios, y embarcarnos en un viaje auténtico hacia la realización espiritual y la plenitud humana.

Así que te invito, querido lector, a seguir explorando, a seguir creciendo y a seguir buscando la luz en tu propio camino. Que este libro te inspire a abrazar tu poder interior, a cultivar la compasión y la gratitud, y a compartir tu luz única con el mundo que te rodea. ¡Que tu viaje sea bendecido y que encuentres la plenitud en cada paso del camino!